秘密資料で読み解く

激動の韓国政治史

永野慎

a pilot of wisdom

はじめに

韓国が日本の植民地支配から解放されて七九年が過ぎようとしている。第二次世界大戦終結と日本の敗戦に伴い、連合国の戦後処理の一環として朝鮮半島は南北に分断され、「南」は米軍政、「北」はソ連軍政時代が続き、一九四八年に大韓民国と朝鮮民主主義人民共和国（北朝鮮）が樹立されて、事実上、分断国家となった。「南」は自由民主主義体制を選択し、「北」は社会主義体制を選択した。国民の自由意思ではなく連合国の都合によって選択させられた体制である。

南北は一九五〇年から三年にわたって、同族間で激しい戦いをした。米・中両大国が戦争に介入したことから、決着がつかず休戦となり、現在もその状態で対立が続いている。この対立は南北関係だけでなく、韓国国内の政治においても「保守」と「進歩（革新）」の間で激しい軋轢《あつれき》を生み続けている。

北朝鮮は、金日成《キムイルソン》―金正日《キムジョンイル》―金正恩《キムジョンウン》の三代にわたり、父から子への世襲により政権を継承してきた。韓国では、初代大統領李承晩《イスンマン》から第二〇代大統領尹錫悦《ユンソンニョル》まで、七六年間に一三人の大統領が誕生した。李承晩政権は一二年間、朴正熙《パクチョンヒ》政権は一八年間にわたって独裁政治を行ない、二人とも政権末期には不幸な形で大統領職を終えることとなった。

朴正熙政権の後にも全斗煥《チョンドゥファン》政権、盧泰愚《ノテウ》政権と軍事政権が計三二年間続き、権威主義的な強権政治が行なわれた。

朴正熙以来、権威主義政権では、反対意見を力で抑え込む傾向が強かった。特に中央情報部（KCIA、後に国家安全企画部＝安企部と名称変更。金大中《キムデジュン》政権の時、国家情報院と変更）が法外な権限を持ち、反政府活動とみなされれば、逮捕状なしに取り締まられるのが日常茶飯事だった。

しかしながら、経済成長にともない国民の生活水準が向上すると、民主主義を基本とする政権運営を求める国民の声が次第に大きくなった。強権政治に対して野党政治家だけでなく、知識人や学生、一般大衆も反対運動に立ち上がるようになったのだ。

この激しい対立の中で民主化が進展し、長年の政治的な課題だった与野党間、保守と進歩間の政権交代が実現された。

民主化運動の先頭に立って、中心的な役割を果たしたのは金泳三《キムヨンサム》と金大中だ。一九七一年に実施された大統領選挙で、朴正熙の三選を阻止するために、この四〇代の政治家二人が野党新民党《シンミンダン》の大統領候補を争った。二人はライバルであり、民主化運動の同志であった。慶尚南道《キョンサンナムド》出身の金泳三と全羅南道《チョルラナムド》出身の金大中は朴正熙独裁政権下での民主化運動の象徴的な政治指導者となった。朴正熙大統領暗殺事件の火付け役となったのは、金泳三の出身地で発生した「釜馬《プマ》事件」であり、光州《クァンジュ》民主化運動発生の直接的な要因は金大中の存在だった。このように両人は韓国民主化運動において欠かせない重要人物である。

韓国の民主化は盧泰愚政権から方向付けが始まった。盧泰愚は全斗煥の後継者に指名されると、民主化の流れは止められないと判断し、民主化を宣言した。そして、大統領直接選挙制を選択・導入し、民主化運動関連で逮捕された人々を赦免・復権させ、国民の直接投票による大統領選挙で勝利した。

また、盧泰愚政権は、「北方外交」の推進による南北関係の改善や社会主義諸国と国交を樹立するなど、外交面での功績を残した。さらに民主化への過程において軍政から民政への橋渡し役を果たした。

保守に合流した金泳三は、軍事政権から文民政権に交代した最初の大統領となった。高級公職者の資産公開、軍の秘密組織「ハナ会《フェ》」の解体、軍人事の刷新、金融実名制など一連の改革を断行。そして全斗煥と盧泰愚の二人の軍出身大統領を法廷で審判させた。

選挙による保守から進歩への政権交代は金大中が最初だ。与野党間の水平的な政権交代だった。その後も大統領選挙では、保守と進歩の候補が争い、盧武鉉《ノムヒョン》（進歩）、李明博《イミョンバク》（保守）、朴槿恵《パククネ》（保守）、文在寅《ムンジェイン》（進歩）、尹錫悦（保守）と、保守と進歩の政権交代が行なわれている。

経済危機に際して大統領選に当選した金大中は、金泳三政権とＩＭＦ（国際通貨基金）との合意事項は忠実に守ると宣言し、国民の和解と統合を訴えて「民主主義と市場経済の並行発展」を強調した。金大中はリアリストとして、現実主義路線を追求するとともに、政治的報復や地域差別、階層差別はしないことを確約。ＩＭＦ体制下という緊急事態において、優秀なテクノクラート（専門知識を有する官僚）を抜擢《ばってき》して政権運営に取り組み、経済危機を短期間で乗り切って経済構造改革を始めた。

さらに、軍事政権下で弾圧を受けてきた金大中は全斗煥、盧泰愚の二人の元大統領を赦免・復権させた。被害者が加害者を許してはじめて真の和解となるとしたのである。また、金大中は史上初の南北首脳会談を実現、朝鮮半島の平和と安定に努める一方、小渕《おぶち》恵三首相と「日韓パートナーシップ」共同宣言を発表して、近隣外交における重要な役割を果たした。同時に、日本の大衆文化を開放して、日本では韓流ブームが起きた。そして韓国では日流ブームが起き、文化交流が進み、両国民の友好交流の道が広がった。

韓国では、一九七〇年代から一九九〇年代のあいだに国を揺るがすような大きな事件が頻繁に起こった。そのほとんどは民主化運動に起因するもので、韓国現代史における激動の時代だった。政治的には、軍事政権から民政への移行期である。

そして、与野党間の政権交代によって、軍事独裁政権時代に行なわれた多くの事件に関する秘密資料が公開されるようになった。政権交代がもたらした成果である。ただし、金大中政権では改革すべき課題も多く、時間的余裕もなく、事件当事者として率先して踏み込めないという事情があったため、革新政権を継承した盧武鉉政権時代の二〇〇四年、独裁政権下での不可解な事件を調査する「国家情報院過去事件真実糾明発展委員会（真実委）」が設置され、金大中拉致事件などの調査作業が進められた。これは中央情報部など政府機関の秘密資料を点検し、関係者へのヒアリング（強制でなく任意）などによって真相を明らかにしようとしたものだ。過去の事件について真実を知り、二度とそのようなことが起きないようにするためである。

真実委の調査報告で真相が完全に解明されるわけではなかったが、保存資料や関係者の証言によって、金大中事件は中央情報部の組織的な犯罪であることが確認され、真相の大筋は理解できるようになった。真実委の調査は強制力を持たず、さらに、日本側には調査の範囲が及ばなかったため限界があったが、軍事政権時代には隠されていた、さまざまな事件で行なわれていた非人道的な行為が相当部分明らかになった。

また、二〇〇五年、国家機関として「真実・和解のための過去史整理委員会（真実和解委員会）」が設置された。これは一九一〇年からの日本の植民地支配から軍事独裁政権までの時期を対象に人権侵害を調べるためである。

歴史を振り返って見ることは重要な意味がある。そして、真実は何であったかを知り、それを教訓とし、未来に向けて進むことはもっと重要である。疑問の多い歴史的な出来事、そして忘れかけていたさまざまな事件に関して、可能な限りの関連資料を蒐集《しゅうしゅう》し、事実関係を点検し紹介することによって、歴史から何を学び、教訓とすべきかを読者の皆さんに呼びかけることが本書の目的である。

秘密にされていた過去の記録が公開されるようになった韓国の文書記録を見ながら実感

するのは、金大中事件は、その真相を最も知る立場にあった日本の捜査当局が所蔵する資料が公開されない限り、より確実なことは分からない、ということだ。

その日本では昨今、公文書が改ざん、廃棄されている。文書が残されていない、または公開されないことは、民主主義の根幹が揺るがされることであると、真実委の資料を見ながら改めて実感する。英・米・独など欧米先進国では、公文書管理法に基づき、「三〇年ルール」「二〇年ルール」により、一定の期間が経過した重要公文書は国立公文書館で保存・公開されている。これは民主主義国家としての責務である。

そして、韓国の民主化運動の過程では、自由と民主主義のために戦って犠牲になった多くの人たちがいたことを忘れてはならない。韓国における民主化の達成はこうした人たちの血と汗と涙の結晶なのである。

この激動の時代にも韓国は持続的な経済成長を成し遂げ、民主化を実現した。そして与野党間、保守と進歩間の政権交代が行なわれている。その強靭《きょうじん》なエネルギーはどこから出てくるのかを知るうえでも、そして韓国の人々の国民性や行動パターンを知るうえでも答えは本書の中にあると思われる。

目次

第2章　全斗煥新軍部政権の登場

1　新軍部がクーデターにより政権を掌握

全斗煥、中央情報部の全権を握る
新軍部の粛軍クーデター
全斗煥、大統領へのシナリオ

2　光州市民の民主化運動

民主化運動に立ち上がった学生たち
学生デモから民衆蜂起へ
デモ隊の全羅南道庁占拠
戒厳軍、重武装で光州を制圧
金大中の死刑判決
ドイツ人記者が見た光州
光州民主化運動の歴史的評価

第3章　盧泰愚政権——民政への移行期——

登場する名称、人物の肩書き、為替レートは、当時のものです。
北朝鮮の人物の名前は、漢字名が判明しない場合は、カタカナ表記にしています。

第1章　朴正熙軍事独裁政権の終焉《しゅうえん》

1　金大中拉致事件と日本政府の対応

中央情報部の金大中拉致計画

朴正熙は、一九六一年五月、軍事クーデターを起こし、国家再建最高会議議長に就任し、陸軍少将から大将へと二階級特進して政権を掌握した。民政移管を繰り返し表明し、自ら民政に参加しないと公言しながらも、政府機関、国営企業などあらゆる部門に軍人を送り込んで軍事独裁体制を作り上げた。自身は軍服を脱ぎ予備役に編入して、一九六三年の大統領選挙に立候補、軍政延長に反対する野党候補・尹潽善《ユンボソン》と接戦の末、約一五万六〇〇〇票差で勝利し大統領となった。

ところが、三期目を狙う一九七一年の大統領選挙は意外な強敵が現れた。朴正熙が最も苦手としていた四七歳の金大中だ。そこで朴正熙は李厚洛《イフラク》を中央情報部（以下、ＫＣＩＡ）部長に任命し、大統領選挙対策を命じる。軍政延長・長期政権反対を主張する金大中候補の遊説場には大群衆が集まり、大変な脅威だったからだ。

野党が不正選挙と主張するなか、大統領選挙で朴正熙は約九四万七〇〇〇票差で勝利。しかし、金大中は出身地の全羅道およびソウル・京畿道《キョンギド》の首都圏では圧倒的な得票だったため、これが政敵関係形成の契機となる。金大中の政治的評価が急上昇したことから、朴正熙長期政権への障壁となったのだ。

国家情報院（国情院）真実委の報告書によれば、朴正熙の意を受けて、金大中拉致（金大中は殺人未遂事件と称している）をKCIA部長の李厚洛が発案。彼の指示によって李哲熙《イチョルヒ》同次長補→河泰俊《ハテジュン》同第八局長→金在権《キムジェゴン》（本名は金基完《キムギワン》）駐日韓国大使館公使→金東雲《キムドンウン》（本名は金炳賛《キムビョンチャン》）駐日韓国大使館一等書記官という命令系統を通じて実行された。

軍事クーデター決行直後の朴正熙陸軍少将。その後、大将へと二階級特進した。　写真　ユニフォトプレス

当時、金大中は日米を往来して、体制批判や民主化運動を行なっていた。

そこでKCIA本部は金在権に拉致計画の立案を指示し、金在権は金東雲に計画案作成を命じた。金東雲の計画案は、ヤクザを使って誘拐し、外交行嚢《こうのう》（封印袋）でソウルに送る、またはヤクザを使って殺害してしまうというものだった。しかし、金東雲の計画案はあまりにもずさんだったので、李哲熙の指示で、途中からＫＣＩＡ第八局工作団長尹鎮遠《ユンジンウォン》が加わり、尹鎮遠は金東雲と一緒に来日して、現地工作の指揮監督任務を遂行した。

結局、ＫＣＩＡ本部は金在権公使に「駐日派遣官を動員して拉致せよ」と指示を送り、最終的に単純拉致計画に変更された。

一九七三年八月八日、東京の気温は三〇度を超える蒸し暑い日だった。そんな中、金大中は訪問先の東京のホテルからＫＣＩＡグループによって拉致された。

ホテルから金大中が連れ去られる

八月八日午前一一時、金大中は東京・九段下のホテルグランドパレスの二二一一号室と二二一二号室の続き部屋になっているスイートルームに泊まっていた韓国民主統一党《ミンジュトンイルダン》の総裁・梁一東《ヤンイルドン》を訪問し、一時間二〇分ほどにわたって国際情勢や韓国国内政治について話し合った。その際、金大中の遠縁にあたる国会議員の金敬仁《キムキョンイン》が来日中で、部屋に入ってきて、三人で昼食をとりながら歓談した。

午後一時一五分頃、金大中は自民党国会議員の木村俊夫に面会するために金敬仁に付き

金大中が拉致されたホテルグランドパレス（左）と、拉致現場であるホテルの廊下。

写真　共同通信社／ユニフォトプレス

添われて部屋を出る。ところが、エレベーターに向かう途中、二二一〇号室と二二一五号室から五人の男が飛び出してきて、金大中を強制的に二二一〇号室に押し込んだ。金大中はびっくりして「何のまねだ。お前らは誰だ」と怒鳴りつけた。

　金大中拉致工作グループの現場総責任者である尹鎮遠、韓椿《ハンチュン》（駐日大使館一等書記官）、金東雲（同）、洪性《ホンソン》採《チェ》（同）、柳忠国《ユチュングク》（同二等書記官）、劉永福《ユヨンボク》（横浜総領事館二等書記官）の実行犯六人は、八日午前一一時に金大中がホテルグランドパレス二二一一号室に行くとの情報を事前に入手し、拉致実行のために二二一〇号室を予約、前日から待機していた。

　梁一東が金在権公使に金大中と同ホテルで会うことを伝えていたと推測される。梁一東からすれば、金大中を韓国に連れて帰ろうと説得するために会うと軽い気持ちで伝えたのだろうが、その情報がまさか拉致に使われるとは思いもしなかっただろう。とにかく拉致グループは指令を受け、計画実行に動いていた。

金大中が拉致グループに抵抗すると、彼らは膝を蹴り、アゴを殴り、彼の身をベッドの上に放り投げて、ハンカチを鼻に押し当てた。麻酔剤だった。一瞬、気を失いそうになり、意識がもうろうとする。

「静かにしろ。言う通りにしないと殺すぞ」

流暢《りゅうちょう》な韓国語だったため「大変なことになった。このまま殺されるかもしれない」と金大中は思った。

実行犯のうちの二人は、現場にいた金敬仁を梁一東の部屋へ押し込んだ。梁一東も驚いて大声をあげると、男の一人が流暢なソウルなまりで話した。

「梁一東先生、私たちはソウルから来ました。国内の問題だから静かに処理しましょう。すぐに終わるので、ちょっとだけお待ちください」

どう見ても韓国人であり、国内問題だというので、梁一東と金敬仁はしばらく待ってみることにした。しかし、時間が経《た》つにつれ金敬仁は心配になり、二二一〇号室へ何度も足を運ぶが、屈強な二人の男に、まだ終わっていないと部屋の中へ入るのを阻止された。

男たちは隙を見て金大中をエレベーターの中へ引き入れた。エレベーターが三階で止まり、二人組が入ってきた。金大中はチャンスだと考え、「人殺しだ。助けてくれ」と日本語で叫んだが、二人は何もせず、一階で降りた。拉致犯たちは腕を締め上げ、拳で殴ったり、足で蹴ったりした。地下に降りていくと乗用車が待っていたので押し込み、車は地下の駐車場を出て、関西方面に向かった。

その間、ホテルの一階ロビーで待っていた金大中の警護担当秘書・金康寿《キムガンス》は時間が経って不安になり、ホテルの館内電話で二二一一号室に電話。金大中の秘書だと言うと、電話に出た人から「大変だから早く上がって来なさい」と、韓国語で言われた。金康寿は韓国語を理解できなかったが、尋常ではないと考え、午後二時頃、二二階に上がる。二二一一号室のドアを叩《たた》くと、金敬仁が出てきて、隣の部屋に行ってみろと言われ、二二一〇号室に行くと、鍵がかかっていた。ホテル従業員に、ドアを開けさせ部屋に入

拉致された当時の金大中。東名高速を経て大阪、そして船で釜山へ連れていかれた。

写真　朝日新聞社／ユニフォトプレス

ると、鼻をさすような匂いがするも、肝心の金大中はいなかった。ベッドとベッドのあいだに紙袋のようなものが残されており、テーブルの上にはビンとピストルの弾倉があった。大変なことが起きたと直感した金秘書は、首席秘書の趙活俊《チョファルチュン》に電話で状況を知らせ、趙活俊は大急ぎで現場にかけつけた。

梁一東も事の重大さを認識し、韓国大使館と自民党衆議院議員・宇都宮徳馬に事件を知らせた。宇都宮代議士と韓国大使館の金在権公使が午後二時二〇分頃ホテルに到着した。

趙活俊は午後二時四〇分頃、一一〇番で警察に通報。まもなく麴町《こうじまち》署のパトカーがホテルグランドパレスに到着し、警視庁外事二課員も到着した。

警察の現場検証が始まった。リュックサック大二個と小一個、一三メートルのロープ、実弾七発入りのドイツ製ピストルと弾倉一個、麻酔剤が入っていたと見られる栄養剤のビン一個、その他に北朝鮮製のタバコなどが置かれていた。

犯人グループは金大中拉致組四人と、梁一東などの見張り組二人に役割を分担していたらしく、拉致組は見張り組が遺留品を持って出るものと考え、急ぎエレベーターに乗って地下駐車場に移動した。一方、見張り組は物品などを拉致組が持っていったと思い込み、二二一〇号室を確認せずにホテルを抜け出した。そのため、現場に遺留品が放置されていた。情報機関としてはお粗末な処理で証拠を残した。

金大中拉致の一報は、午後四時五〇分にNHK総合テレビの字幕ニュース速報で世に知らされた。その頃、金大中を乗せた車は東名高速道路を走っていた。大阪のアジトに移動するためである。アジトに到着すると、金大中は鼻だけを残して顔全体に包装用テープを巻かれ、手と足を縛られてから畳の部屋に監禁された。洋服の上着は脱がされ、時計、現金、旅券など所持品も奪われた。

そして、九日朝、KCIAが用意した船舶「龍金号《ヨングムホ》」に移され、大阪湾から瀬戸内海、関門海峡を経て、一〇日深夜に釜山《プサン》港に到着。一一日夜に上陸してKCIA第八局が準備した救急車に乗せられて、ソウルへ向かった。ソウルのアジトに立ち寄ってから、一三日夜一〇時頃、金大中はソウルの自宅近くで解放された。拉致計画が露見して日米両政府が動き出し、外交問題に発展したことから、処置に困って解放したものと推測される。

現場に指紋を残した金東雲書記官

日本の警察は、事件発生直後「特別捜査本部」を設置し、現場検証および目撃証言等の捜査を始めた。拉致現場のホテルグランドパレスの浴槽から指紋を採取し、そのうちの一つが韓国大使館一等書記官・金東雲のもので、これが事件はＫＣＩＡの犯行であることを示す決定的な証拠となった。さらに同ホテルの地下駐車場で金大中を乗せて走り去った車両が横浜総領事館副領事・劉永福の所有であることも確認された。また、事件二日前の八月六日、神田の登山用具店「さかいや」で金東雲がリュックサックを購入した事実も確認された。

これらに基づき、特別捜査本部は、ＫＣＩＡの日本責任者でもある金在権公使から事情を聴取。金在権は金大中拉致事件の当事者であり、梁一東と密接に連絡を取り合い、金大中との面談時間などを聞き出して、犯行グループに拉致工作を実行させた重要参考人だと見られていたが、事件の真相は語らないまま五〇分ほどの事情聴取で終わった。

また、日本側は、ホテルグランドパレスの拉致現場にいて犯人を目撃した梁一東と金敬仁に対して、事情聴取のため滞在期間を延長して捜査に協力するよう韓国政府に要請したが、梁一東は再度来日すると言って帰国。その後、日本側の要請にもかかわらず、再来日はなかった。

八月一三日、金大中がソウルの自宅に現れると、翌日、法眼晋作《ほうげんしんさく》外務事務次官は、李澔《イホ》駐日韓国大使を呼び、今回の行為は重大な犯罪行為なので、徹底的な調査が必要であるとし、捜査のために金大中と梁一東の日本への送還を求めた。これに対し、韓国政府は、「二人は我が国の捜査に不可欠な証人になっているので、日本に行くのは非常に難しい立場であることを理解して欲しい」と拒絶した。

現場検証や関係者の証言などに基づき、日本政府は金東雲一等書記官を犯人の一人と断定。九月五日、法眼外務事務次官は李澔大使を呼び、「日本側は十分な証拠を持っている」として、金東雲に出頭要請に応じるよう要求した。しかし、同大使は「国際慣例により応じられない」と拒否。金東雲一等書記官は事件二日後の八月一〇日、香港《ホンコン》経由で帰国したが、KCIA本部から「突然消えると拉致事件に関与しているという印象を与えるから東京に帰れ」と指示され、八月一七日に日本に戻った。しかし、警察庁から監視されていることを知り、一九日に再び韓国に戻り、その後の消息は不明となった。

警察庁は、韓国大使館当局が金東雲の出頭を拒否したことで同氏への容疑を強め、両国で申し合わせている金大中事件の真相究明に協力し合うという約束に反しているため、今後の日韓関係や両国民に与える影響も大きいと韓国側へ伝えた。相手が外交官であることから、出頭要請する前日の九月四日早朝、高橋幹夫警察庁長官と山本鎮彦《しずひこ》同警備局長が田中角栄総理に直接捜査経過を報告するとともに、大使館員の出頭を要請することを伝えていた。

日本の警察が犯人の一人と断定した金東雲は、新聞記者の身分で一九六三年一二月に来日し、日本と韓国を行き来しながら情報活動をしていたが、一九六八年五月に駐日韓国大使館二等書記官に身分を変更し、二年後の一九七〇年一二月に一等書記官に昇任。日本滞在中、東北出身の日本人女性と結婚し、三人の子どもがいた。夫人の名字である佐藤を使用して情報活動を行ない、日本の警察、自衛隊、公安調査庁などと北朝鮮情報を交換するなどしていた。その人脈で、関係者が退職して設立した探偵事務所ともつながりができる。

探偵会社に金大中の見張りを依頼

金大中拉致計画実行のために、金東雲は金大中の居所や動向を把握する必要があった。そのために、日本人の見張りや尾行役が必要となり、坪山晃三《こうぞう》が自衛隊を退職して探偵会社「ミリオン資料サービス」を設立したタイミングで、金大中の張り込みを依頼した。

同社は一九七三年七月一日に設立されたばかりで、坪山にとっても良い仕事だった。張り込みには当初から、江村菊男という自衛隊員が参加する。江村は八月一日に自衛隊を正式に退職。つまり、この時は自衛隊に籍を置いたまま探偵会社で働いていたわけだが、これは退職前の職探し期間として認められていた。

坪山は自衛隊幕僚監部第二部に勤務していたが、ミリオン資料サービスを設立するために一九七三年六月三〇日に退職。退職時は三等陸佐だった。幕僚監部第二部は自衛隊の情報部門で、金東雲は公安調査庁のダミー会社に勤めていた笠井清からの紹介で、金大中拉致事件の四年前から坪山を知っていた。金と笠井とは六年来の知り合いで、三人とも情報畑で働いていたことから仕事上親しくなり、特に北朝鮮情報の交換でつながっていた。

七月一〇日、金大中が米国から日本に戻ってきた。日本入国の時の身元保証人は大平正《まさ》芳《よし》外相。金大中に大平を紹介したのは、ハーバード大学教授のライシャワーだった。ライシャワーは「日本で一番信用できる男」として大平を紹介した。事件当時外相だった大平は最初、「内外に納得のいく解決を」と言っていたが、結局、政治決着で金大中を見殺しにすることになる。

ＫＣＩＡ本部から東京に派遣されていた派遣官に「金大中の滞日中の動向監視を徹底するよう」厳命が下されたため、七月二二日、金東雲は拉致計画の打ち合わせのためソウルを日帰りで訪れて尹鎮遠と一緒に日本に戻り、羽田《はねだ》空港で坪山および江村と会って、ソウルからの指示内容を伝えた。

金大中は、八月九日に自民党ＡＡ研（アジア・アフリカ問題研究会）の人物と会い、一五日（韓国では独立記念日）には日比谷公会堂で韓民統日本本部結成大会を開くことになっていた。ＫＣＩＡ本部は、これらを阻止するよう指示を出したが、金大中はホテルを転々として居所がつかめないため、まず居所を調べてくれと依頼した。坪山はこの依頼を引き受けたが、金東雲の情報は不正確で、空振りばかりだった。

坪山と江村は七月二五、二七、二八日の三日間、個人タクシーをチャーターし、金大中の事務所がある新宿区高田馬場の原田マンションに張り込んだ。タクシー運転手の証言によると、最初の二日は二人だったが、最後の日は三人だったという。しかし、日本政府は自衛隊員の関与を否定するため、張り込みは坪山と江村の二人だけだったと発表した。坪山と江村は自衛隊ＯＢで現役ではないので言い逃れができたが、実際には坪山、江村のほかにもう一人、現職の自衛隊員が張り込みに参加していた。自衛隊員が関与したとなれば大きな政治問題となることから、日本政府は二人だけだったと言い続けた。

マンションでの張り込みに失敗したため、金東雲は、坪山に新しい提案をした。金大中をインタビューしたことがある『内外タイムス』の記者を使って金大中をおびき出そうという計画だ。その記者と坪山が知り合いであることを利用して、八月二日、金東雲が指定した銀座第一ホテルでインタビューが行なわれた。インタビュー後、坪山は金東雲に金大中を尾行するように言われたが、その記者への後ろめたさもあり尾行しなかった。自分がやらなくても金東雲らが尾行すればよいと考えていた。

翌日、金東雲がこのことを叱責したため、坪山は、「調査がうまくいかないのは、韓国側の情報がいい加減だったせいだ。この件から手を引きたい」と調査中止を切り出した。これに怒った金東雲は「国家機密を聞いておいて降りるのはダメだ」と言い、坪山を買収しようと、二〇〇〇万円の小切手を差し出したが、坪山は「できない」と手を引いた。その五日後に金大中は拉致され、ニュースを見た坪山はほっとした。

事件発生から四日後に、坪山は特別捜査本部に出頭し、金東雲と四年間にわたって接触していたこと、金大中の見張りの依頼を受けたこと、拉致の話が出て金東雲と手を切ったことなど、すべてを話した。特捜本部は坪山と江村の証言によって、金大中拉致はKCIAの組織的な犯行であり、拉致犯の一人が金東雲であることを、少なくとも事件発生から四日後の八月一二日には知っていたはずである。しかし、日本政府はそれを公表せず外交のカードとして使っていた。

法務大臣・田中伊三次《いさじ》は、八月二三日の参議院法務委員会での答弁の中で、「(私の)第六感によれば」という前置きをつけながらも、ＫＣＩＡ犯行説を間接的に表現し、波紋を呼んだ。あれだけのあざやかなやり方で白昼堂々と拉致を成し遂げるには、それ相応の国家権力を持った組織でなければできないという認識で、ＫＣＩＡ説を匂わせたのだ。

さらに、一部の関係者しか知らないはずの極秘の事実が流出していた。一九七三年九月二四日、『東京新聞』『西日本新聞』『北海道新聞』三紙の夕刊一面にスクープが掲載されたのだ。

「金氏事件に意外な事実」「滞日中の〝見張り役〟に自衛隊員がいた」「依頼主は金書記官」（東京新聞）

「監視グループに現職自衛官」「三日間、動静探る」「依頼主は金東雲氏？」（西日本新聞）

「金大中事件・自衛隊員が介在」「金東雲氏に依頼され」「滞日中の見張り役」「退官前・興信所員として」（北海道新聞）

これら三紙の記事は前文と本文がほぼ同じで、写真と写真説明も同じだった。

『朝日新聞』と『毎日新聞』は翌日の朝刊で報道し、会期末の国会は大騒ぎとなったため、九月二五日、参議院本会議で田中角栄首相は次のように答弁した。

本件事件につきましては、東京のある私立探偵社が、本年の七月中旬ごろ、ある人に頼まれて金大中氏の所在確認につとめたが、所在がわからないまま七月末に契約を解除をされました。その後、金大中事件発生後、警察にこの事実を通報し、協力したという話を聞いております。その私立探偵社を経営している人が元自衛隊員であり、また、すでに六月下旬に辞表を提出し、やめる前の休暇期間中の自衛隊員が手伝いをしたという話でありますが、この人は八月一日に自衛隊から退職が発令されております。（中略）事件そのものには直接関係はありませんが、警察では、この人たちを事件の前段階における証人的存在だとして、捜査の秘密保持上及び証人保護の立場上、名前をはじめ捜査の詳細については公表できないと言っておりますので、ご了承願いたいと存じます。

田中首相は自衛隊員の関与について報告を受けていなかったようで、山中貞則《さだのり》防衛庁長官も九月二二日夜に報告を受け、二四日の参議院本会議が終わってから首相に電話で報告したという。山中長官への報告が遅れたのは、関与したのが現役の自衛隊員ではなく、辞めた者であるので報告する必要がないと判断したのではないかという弁明だった。

九月二五、二六日、衆参両院は金大中事件で大荒れだった。政府答弁は、「佐藤と名乗る男がミリオン資料サービスにやってきて、金大中の監視を依頼。三日間やったがうまくいかなかったため、契約は解除した。自衛隊関係者二人のうち一人は六月三〇日に退職していたし、もう一人は辞表を提出して、退職準備期間中の活動だったので問題ない」という筋書きだった。

しかし、坪山と江村の証言によれば、「佐藤と名乗る男」金東雲は、実際にはミリオン資料サービスには一度も来たことがなかったという。

二日間、国会は大いにもめたが、攻める方も決め手がなく、二七日に国会が閉会した後、外相も首相も外遊した。地方行政委員会では野党が坪山と江村の証人喚問を要求したが、実現されず、真相はうやむやになった。

後藤田正晴官房副長官の潜伏命令

スクープ記事が出てすぐ、坪山が平素から親しくしていた出版社の社長からミリオン資料サービスの事務所に電話がかかってきた。

「坪山さん、後藤田さんがあなたに会いたがっているよ。話を聞きたいそうだ」とだけ言って電話は切られた。

一年前まで警察庁長官を務め、今は内閣官房副長官の後藤田正晴が何の用事だろうと思いながら、坪山は都内のホテルで後藤田と会った。高橋幹夫警察庁長官も同席していた。そこでいきなり後藤田は、「金大中事件のことでマスコミがうるさい。しばらく姿を消せ。江村もだ」「新聞記者はもちろん、警察にも自衛隊にも公安調査庁にも内閣調査室にも、誰にも会ってはならない」ときつい調子で言ってきた。「姿を消せとおっしゃられても」と言うと、「俺が姿を消せと言っているんだ。補償しないわけねえだろう」「ハワイにでも行っておれ」と一方的に言い立てられた。

そこで二人は警察庁警備局長・山本鎮彦と警備局参事官・中島二郎と潜伏の打ち合わせをし、家族にも行き先を告げずに、後藤田に会ったその日から姿を消した。自宅は新聞・テレビの記者とカメラに取り囲まれていたから、着替えも取りに帰れなかった。家族には出版社の編集長が事情を説明してくれた。

二人は最初、静岡の伊東温泉に行ったが、警察が聞き込みに回っていることに気づいた。彼らを追っているのはマスコミだけではなく、特捜本部も二人の行方を追っていた。釣宿に潜伏したが、同じ場所に長期滞在するのはよくないと、伊豆半島を転々としながら釣りをして時が過ぎるのを待った。海釣りは楽しかったが、追われている身で落ち着かない。それでも、伊豆大島に家族を呼んで、一緒に食事をして家族サービスすることもあった。

家族の生活費、潜伏費用は出版社の編集長が届けてくれた。三回に分けて、二人分として合計一三〇〇万円を受け取った。潜伏期間中の生活費としては十分だった。

ところで、二人の潜伏費用一三〇〇万円の出所はどこなのか。官房副長官からとなれば、「官房機密費」が考えられる。そうすると、後藤田はなぜここまでする必要があったのか。この段階において、真相をほぼ確実に把握していた日本政府としては、従来の日韓関係の枠組みにひび割れが生じないようにという政治的判断からの処置ではないかと考えられる。

水面下で日韓の政治折衝が続き、一一月二日、第一次政治決着となった。後藤田は政治決着後の一一月二五日、翌年の参議院議員選挙への出馬のために官房副長官を辞任、警備局長・山本鎮彦と警視庁公安部長に転出した中島二郎がこの件を引き継いだ。クリスマスが過ぎた頃、出版社の編集長から帰宅の許可が伝えられ、三カ月におよぶ潜伏生活がようやく終わった。

潜伏終了を決断した背景には、第四次中東戦争の勃発によって第一次石油ショックが起こり、トイレットペーパーの買いだめなどパニックが大きなニュースとなったため、世間の関心が金大中拉致事件から急速に離れたこともあるだろう。（以上、探偵会社との関連の内容は主として『金大中事件最後のスクープ』古野喜政・著による）

金大中拉致事件の政治決着

一九七三年一一月二日、金鍾泌《キムジョンピル》韓国国務総理が朴正熙大統領の「親書」を携えて来日し、田中角栄首相、大平正芳外相と会談した。会談の冒頭、金鍾泌は親書を手渡したうえで、「今回の事件により日本政府と国民に多大な迷惑をかけたことは遺憾に思う」と陳謝するとともに、「再びこの種の事件を起こさないため、十分に自戒する」と述べた。これに対し田中首相は「これで金大中事件についての外交上の決着をつけたい」と事件の政治的収拾に同意するとともに、「これからの捜査において、日本国民が納得のゆく報告を韓国から期待したい」と述べ、いくつかの確認事項を列挙した。

1　金大中事件の捜査は日韓両国が協力して継続しなければならない。
2　捜査の中間報告を含め、進展状況を日本側に報《しら》せてほしい。
3　捜査の進展に従って金東雲の行為に公権力が介在したことが判明した場合には、新たに問題提起をするほかない。
4　金東雲の捜査は彼の逮捕、起訴などを含むものと理解する。

金鍾泌は、今の話は実際にその通りにするということですか、それとも〝タテマエ〟ですかと訊《き》くと、田中首相は〝タテマエ〟としてですと答えた。この田中角栄・金鍾泌会談の内容は、二〇〇六年に韓国政府が公開した外交文書に記録されている（「面談要録、一九七三年一一月二日、大韓民国外務部外交文書登録番号五六六六」、『金大中拉致事件、一九七三年、全一二巻（V.2）』）。

金鍾泌は、軍事クーデターの時、朴正煕とともに政権を奪取した後、中央情報部（KCIA）を創設して初代部長に就任。その後も朴正煕の最側近だった。

この政治決着の際、韓国政府から田中角栄首相に三億円が提供されたという噂《うわさ》が当時、広がっていた。大韓航空社長の趙重勲《チョジュンフン》が田中の刎頸《ふんけい》の友と言われた小佐野《おさの》賢治を通じて渡したというのである。この件は当時の関係者が漏らしたことから、米国務省も確認していた。真実委の安炳旭《アンビョンウク》委員長も元毎日新聞記者とのインタビューで「事実だと思う」と証言した。ただし、確実な証拠はない。

日韓両方のメンツを立てながら、玉虫色の内容となったのが第一次政治決着だ。しかし、これは合意文書がなく口頭で行なわれたので、日韓両国の解釈に相違があり、お互いが情報を都合よく発表していた。特に、金東雲の扱いについて日本側は「金東雲書記官は事件に関与した嫌疑があることを認め、すでに免職させられた。今後捜査を続け、法に照らして処理する」と発表したが、韓国側は証拠不十分として不起訴処分にし、むしろ証拠隠滅に努め、日本側の捜査を妨害した。

このように第一次政治決着では真の決着とならなかった経緯から、一九七五年七月二二日の第二次政治決着においては、日韓両政府が口上書を作成して交換した。韓国政府から渡された金大中事件に関する口上書は次のような内容である。

1　金東雲については事件後、とりあえずその職を解き、捜査を行なったが、思わしい結果が得られず、昨年八月一四日、捜査を一時中断した。

2　その後も密《ひそ》かに捜査を続行したが、容疑事実を立証するに足る確証を見出《みいだ》し得ず、不起訴処分となった。

3　しかしながら、本件捜査の結果判明した本人の東京における言動は、日本の警察当局の嫌疑を受けるなど、国家公務員としてその資質を欠き、品位にもとるものと認め、公務員としての地位を喪失させた。

七月二四日、韓国を訪問し、第二次政治決着を済ませてから帰国した宮澤喜一外相は記者会見で、「韓国側は金大中事件について我が国に対し最善を尽くしたと判断した。金大中の身辺に関する外交的合意内容が守られる限り、事件に関してこれ以上韓国側に問題提起しない」との見解を述べた。

しかし、口上書では金大中事件の真相解明が闇に葬られたことが明らかにされただけで、金大中への人権侵害や日本国への主権侵害問題もうやむやになっている。そのため事件の捜査にあたった日本の警察当局は「指紋」という確証があるにもかかわらず、このような政治決着がなされたことに不満をあらわにした。また、野党各党も一斉に反発した。

一九七九年六月、衆議院議員・寺前巌《てらまえいわお》は、「金大中事件はＫＣＩＡによって彼が東京のホテルから不法に拉致されたという、我が国の主権と金大中の人権を乱暴に侵害した重大な事件だ。日本政府は韓国政府に対し、原状回復および犯人の追及を要求すべきである。ところが、日本政府はＫＣＩＡによる日本の主権の侵害を認めず、二度にわたって真相究明と主権の回復義務を事実上放棄する政治決着を行なった」と指摘し、質問主意書により、政府の見解を質《ただ》した。

これに対し、大平正芳総理は、政治決着は「当時の政府が大局的見地に立って決断を下したものであって、現在もこれを引き続き尊重する」とし、刑事事件としての捜査は継続しており、捜査の結果、「韓国側の日本国内における公権力の行使を明白に裏付ける重大な証拠が新たに出てきた場合には政治決着を見直すこともあり得る」と答弁した。しかし、「韓国による我が国の主権侵害があったと断定するに至っていない」と見解を述べた。

日韓両政府が両国関係に配慮した政治決着で穏便に事を済ませようとしていたことは明白である。日本政府は証拠を確保して、それをちらつかせながら外交交渉に臨んでいたが、本心は韓国側が「否定する」ことをむしろ望んでいたふしがある。日本側にもすべてが明らかになると困ることがあった。金大中の捜査の時、実際は現職自衛隊員が参加していたが、それを隠していたことである。相互に弱みを握っていたことから、日韓両政府にとって「ウィン・ウィン」の政治決着となった。

国情院真実糾明委員会の調査報告

盧武鉉政権が二〇〇四年、歴史の真相究明の一環として、独裁政権下での不可解な事件を調査する「国家情報院過去事件真実糾明発展委員会（真実委）」を設置し、金大中事件などの調査作業を進めたことは先に述べた。

真実委は民間人一〇人、国家情報院の職員五人の計一五人の委員により構成され、それとは別に民間と国情院各一〇人の調査チームと六人の調査支援チームが実務を担当した。これらの調査チームの調査に基づき委員会で内容を検討するもので、捜査機関ではないため強制力はなかった。その上、日本側は対象外で調査が及ばないことから、真相究明にはなおさら限界があった。しかし、処罰が目的ではなく、真相を究明し、国家機関として二度と同じようなことを起こさないようにするための組織であるという認識から関係者たちが面談に応じたため、一応の成果はある。二〇〇七年一〇月、真実委の報告書が公表された。不完全ではあるが、金大中拉致事件の大筋は明らかになった。

真実委の報告書によれば、一九七三年一一月、韓国政府は拉致事件に関わったという容疑を受けた金東雲（駐日大使館派遣官）を免職処理し、一九七四年一二月、KCIAからも退職措置をとったが、一年後に復職させている。金東雲は復職後、李哲煕次長補の指示でKCIA第八局工作団副団長の職についた。ところが二カ月後、李哲煕が「（復職は）〝極秘〟にしないとだめだ。工作団副団長になっていることが日本に知られ、抗議してきた」と言い、「事務室を借りてやるから、そこにいなさい」とソウル苑南洞《ウォンナムドン》に事務室を与えられ、職責もなく副理事官級（三級）待遇で七年あまり勤務し、一九八二年末に退職したことが確認された。

しかし、日韓の政治レベルでの交渉では、事実と違う内容を韓国側から報告され、日本側は事実関係を知りながら、それを承認し政治決着している。

真実委の調査結果は次のような内容である。

1　「金大中事件」は当時の中央情報部長であった李厚洛の指示により第八局工作団が主導し、駐日派遣官と龍金号船員たちを動員して実行されたという事実、また拉致過程を通して被害者に加えられた危害行為だけでなく、事件発生後、政府、ことに中央情報部によって行なわれた組織的な真相隠蔽の実態が確認された。

2　朴正熙大統領の指示に関しては、直接的な証拠資料は発見されなかったが、当時、朴正熙独裁の超権威主義体制下で李厚洛部長が李哲熙の反対に対し「俺がやりたくてやると思うのか」と怒ったことや、金在権公使が「朴大統領の決裁を確認するまで工作を実行できない」と慎重な姿勢を示したもののすぐに積極的に協力したという状況とともに、拉致工作の進行中、金大中の反政府活動を朴大統領に報告した時に、工作の進行状況に関する情報も含まれていた可能性が高く、朴大統領が事件発生後、関係者たちを処罰せず、むしろ保護し、金鍾泌総理を派遣して日本と政治的に解決したことなどを総合的に判断すると、朴正熙の直接指示の可能性とともに、少なくとも黙示的承認があったと見られる。

3　拉致工作の具体的目標として殺害計画が推進されていた。ヤクザを動員し殺害する案や、拉致してから韓国に外交行嚢で送るという計画が議論されたという関係者の陳述に基づき、工作目標に殺害案が含まれていた可能性がある。その証拠として、拉致現場にピストル、大型リュックサック、ロープなどが残されている。また、龍金号で七星板（棺の底に敷く薄い板）に体をしばりつけた行為は、とりあえず殺害する場合に備えた証拠であると見ることができる。

暗殺計画が指示され、一定の段階まで進行したが、目撃者が現れるなど状況の変化によって実行が中止されたか、または現地工作官の判断によって殺害計画を放棄し、単純拉致に変更された可能性も排除できない。

実際には拉致の過程で殺して遺体をバラバラにする、殺して埋める、または海中に投棄して水葬するなど直接的行動がなかった事実から見て、（中略）少なくとも龍金号が大阪港に到着した以後か、ホテルから拉致した以後には単純拉致計画が確定されたと判断される。

4 拉致事件の処理において、韓国政府は「特別捜査本部」を設置したが、形式的捜査によって真相をあいまいにし、日本側との外交交渉を通じて鎮静化を企図した。日本政府は結局、一九七五年七月、金東雲の不起訴処分を容認し、実質的に捜査終結に協力したという事実がある。

これらの事実から、真実委は、両国政府は事件の真相隠蔽に関与するという過ちを犯したと結論づけた。そして、以下のような意見をとりまとめた。

1　まず被害者の金大中前大統領が拉致および真相隠蔽で被った生命の危険と人権蹂躙《じゅうりん》に対して、政府の公式な謝罪と必要な名誉回復措置がなされなければならない。

2　中央情報部職員たちは組織体系上、上部の命令に従うしかなかったとしても、拉致工作に荷担した彼らの行為は弁明の余地のない過ちであった。しかし彼らは面談の過程で正直に証言し、被害者に対する衷心からの謝罪の気持ちを伝え、特に現地工作の責任者だった尹鎮遠と駐日派遣官だった金東雲は、関係者を代表して被害者に対する謝罪文を提出した。

3　金大中前大統領は、すでにマスコミとのインタビューで何度も事件に関与した中央情報部の職員たちを赦《ゆる》すという気持ちを表明した。これは加害者の公式の謝罪と関係なく、被害者が赦しの意志を表明したと理解できる。本委員会は調査の結果を公開し、〝元中央情報部職員は金大中元大統領に拉致で被った苦痛に対して衷心からお詫びの気持ちを述べた〟ことを公式に伝達した。これでほんとうの赦しと和解の場が整い、過去の傷が治癒される契機となることを期待する。

4　当時、韓国政府は朴大統領が田中首相に親書を伝達し、拉致事件に対して遺憾の意を表明しているが、本委員会は今回の真相究明の作業を契機に、国家情報院の前身である中央情報部が日本国内で拉致行為を働いた事実を確認し、これに対してもう一度深い遺憾の意を表明する。

日本政府も韓国の公権力介入の事実を知り得たにもかかわらず外交的に事件を解決することに合意しており、結局は事件発生初期に真相究明ができない結果を招いた責任に対して、本委員会は遺憾の意を表明せざるをえない。

したがって、本委員会が発生から三〇余年過ぎても解決できないまま残されていた拉致事件に対して真相究明の作業を行なったことは、未来志向的な韓日関係の定立のためにも非常に重要な意味があるという点に、日本当局も認識を同じくすることを期待する。

5

国家情報院は、過去の権威主義政権下で犯した政治工作などの過ちに対して、率直に反省し、これを教訓として国家の中枢で信頼される情報機関としての任務を忠実に行なう決意を、もう一度確かめる機会とすることを自ら望む。

真実委は、金大中拉致事件に関しての資料を点検し、関係者との面談を通じて調査した結果、李厚洛ＫＣＩＡ部長の指示により、尹鎮遠工作団長が計画を指揮し、金東雲などによって実行されたことを確認し、韓国政府機関の犯行であったことを認めている。

それに対して、韓国政府から真実委の報告を受けた日本政府の対応は、木村仁外務副大臣が柳明桓《ユミョンファン》駐日韓国大使に遺憾の意を表明し、柳大使が高村《こうむら》正彦外相に陳謝の意を表明したことで「韓国政府による我が国の主権侵害の問題は処理された」というものでしかなかった。

韓国の政府機関であるＫＣＩＡの指示で、情報部の要員が金大中拉致事件に関与した事実を真実委が資料に基づき確認し、本人との面談で当事者が認めている以上、「韓国による日本国の主権侵害があった」と見るのが妥当であろう。

日韓関係は歴史上の問題をはじめ、さまざまな問題が複雑に絡み合い、それを解きほぐすことは容易ではない。その都度、双方が国益を優先に知恵をしぼり、解決してきた経緯がある。しかし、その際、個人の人権など個別の問題が犠牲になることも多くあった。金大中拉致事件はその最たるものであろう。

2　朴正熙大統領狙撃事件（文世光《ムンセグァン》事件）

在日青年の文世光、朴正熙を狙撃

一九七四年八月一五日午前一〇時から、ソウル南山《ナムサン》奨忠洞《チャンチュンドン》にある国立劇場で開かれた光復節（日本の植民地支配からの独立記念日）の記念式典で、朴正熙大統領は「祖国の統一は必ず平和的な方法で成し遂げなければならない……」と記念辞を読み上げていた。

朴正熙狙撃犯の文世光。大統領夫人の陸英修殺害などの罪で、犯行後約四カ月で死刑執行に。
写真　共同通信社／ユニフォトプレス

そこに突然、銃声が鳴り響いた。演壇から約二五メートル離れた会場の席に座っていた文世光が通路に飛び出し、演壇に向かって走り、約二〇メートルの距離から朴大統領に向けてピストルを発射した。一発目は外れ、銃撃に気づいた朴大統領はすばやく演説台の後ろに身を隠して難を逃れた。

犯人を狙い撃ちするために演壇から走り出

た朴鐘圭《パクジョンギュ》警護室長と撃ち合いになり、文世光が発射した四発目の銃弾が、壇上に座っていた陸英修《ユクヨンス》大統領夫人の頭部に命中。陸英修夫人はソウル大学付属病院に搬送され、五時間以上におよぶ手術もむなしく、午後七時に死去した。また、式典に参加していた合唱団の女子高生張峰華《チャンボンファ》も、応戦した護衛隊の撃った流《なが》れ弾《だま》にあたり死亡した。文世光は韓国警察に拘束された。

狙撃犯文世光は一九五一年に大阪市住吉区で生まれた在日二世。高校を二年で中退し、高校の頃から『金日成選集』『毛沢東語録』などを読みふけり、左翼思想に傾倒した。二〇〇五年に公開された韓国外交文書には、事件の背後にいた北朝鮮関係者が、文世光を朴大統領暗殺に駆り立てていく手口が詳細に記録されている。

文世光に在日本朝鮮人総聯合会（朝鮮総連）大阪生野西支部の政治部長・金浩龍《キム ホリョン》が接近。週二回、一年にわたって接触し、韓国情勢と北朝鮮のすばらしさを説いた。文が説得されてきたとみるや、「朴大統領を暗殺し、人民蜂起の起爆剤としたい」とたたみかけた。そして文を大阪港に停泊中の北朝鮮貨客船万景峰《マンギョンボン》号に連れて行き、北朝鮮からの工作員と引き合わせ、指導を受けさせた。その時、文世光は工作員から朴大統領暗殺の教唆を受け、資金をもらっている。

韓国政府は文世光の背後には、金浩龍と北朝鮮から支援を受けている在日朝鮮人団体である朝鮮総連があり、この事件は北朝鮮の指令によるものであると発表。しかし、名指しされた金浩龍だけでなく、朝鮮総連側はすべてを否認し、根拠のない話で誹謗中傷《ひぼうちゅうしょう》だと反論した。

文世光は一九七三年一〇月頃、朴正煕の暗殺計画を思い立ち、高校の時の友人である吉井美喜子に「韓国で革命を成し遂げるには朴正煕を殺すしかない」と決意を語って、同年一一月、翌年七月の二回にわたって、美喜子の協力により、夫・吉井行雄名義の旅券を取得して、香港および韓国に渡航した。香港へは、美喜子と一緒に夫婦を装って旅行し、暗殺実行のためのピストルを入手しようとしたが、失敗した。

日本人名義の旅券で入国・犯行

一九七四年七月一八日、文世光は大阪府南警察署高津派出所からピストル二丁を盗み、八月六日、そのうちの一丁をトランジスタラジオの中身を抜いたケースの中にしのばせ、韓国に入国した。

ソウルでは超高級の朝鮮《チョソン》ホテルに宿泊。食事はルームサービスを利用し、市内観光するなど、贅沢《ぜいたく》な生活をしながら決行の日を待っていた。

八月一五日朝、文世光はホテル専用の高級ハイヤーの運転手に一万ウォン（当時のレートで約七五〇〇円）を渡し、「記念式典に行ってください、貴賓のように扱ってほしい」と頼んで、正装をし、重厚な身なりで日本政府高官になりすましてハイヤーに乗った。ハイヤーが国立劇場の正面に着くと、運転手がドアを開けて深々と頭を下げた。高級車に乗っていたこともあってか、警備員から全く疑われることなく、彼は式典会場の国立劇場に入場した。本来ならば、招待状を持つ人しか入場できないのだが、国立劇場の入口を警備していた警察官は、日本語を使う文世光が招待を受けた外国人VIPだと誤認し、招待状の提示を要請せず、入場を許してしまった。

事件発生後、日本の警察は、大阪府警に特別捜査本部を設置して捜査を始め、文世光が吉井美喜子の夫名義の旅券を作って海外渡航したことが明らかになったとして、吉井美喜子を同年八月一六日、旅券不実記載および出入国管理令違反幇助《ほうじょ》の容疑で逮捕、大阪地方検察庁に送致した。一九七五年三月七日、大阪地方裁判所は吉井に懲役三カ月、執行猶予一年の判決を下した。

また、文世光の自宅と車両等の捜索により、大阪府南警察署高津派出所において盗難にあったピストルのうち一丁と、同派出所侵入に使用した工具等が発見された。さらに韓国から送られてきた捜査資料によって、文世光が犯行に使用したピストルが前記盗難ピストルのうちの一丁であることが判明した。これらの捜査結果から、大阪府警は、一九七四年一二月二五日、文世光を窃盗、殺人予備、旅券不実記載、出入国管理令違反等の容疑で、大阪地方検察庁に送致。しかし、翌年一月二二日、不起訴処分となった（内閣衆質七五第二九号、昭和五〇年七月一一日より）。

韓国の捜査当局は、事件は朝鮮総連の指令・援助によって実行されたもので、逮捕された吉井美喜子とその夫、並びに朝鮮総連の金浩龍が共犯者だと発表、日本政府に対して捜査への協力や朝鮮総連への規制、共犯者の引き渡しを要請した。これに対して日本の警察は、日本側の関連証拠に関してはすぐ調査を始めたが、金浩龍などの身柄引き渡しには難色を示した。結局、日本側は文世光が金大中拉致事件に刺激を受け、単独で犯行に及んだという捜査結果を、文世光の死刑執行後の一九七四年一二月二五日に発表した。事件と朝鮮総連との関係については証拠がないという理由で特別な捜査をせず、国内法の許す範囲で捜査に協力すると答えた。

文世光は、九月一二日、内乱目的殺人、国家保安法違反、反共法違反、出入国管理法違

反、特殊窃盗罪、銃砲火器類取締法違反などの罪で起訴された。

文世光が大筋で犯行を認めていたので、裁判は順調に進み、起訴から三カ月後の一二月一七日、大法院（最高裁）は、「大統領を狙撃し、大統領夫人を殺害したという驚くべき犯行を見るなら死刑は重すぎるものではない」として、一審、二審の死刑判決を支持。本人も弁護士もいない法廷で、文世光の極刑は確定し、その三日後の一二月二〇日にソウル西《ソ》大門《デムン》拘置所で死刑が執行された。

文世光は死刑執行前に泣き出し、「私が韓国で生まれていたら、こうした犯罪は犯さなかっただろう」「朴大統領に心から申し訳なく思っていると伝えてください」「陸英修夫人と死亡した女子学生の冥福を祈ります」「朝鮮総連にだまされた私はバカだった。このような過ちを犯した私は、死刑になって当然だ」などと話し、「オモニ（母）には不孝をわびていたと伝えて欲しい。息子は兄に育てて欲しい」と遺言を残した。

文世光の供述は一審と二審では異なり、犯行を反省したものだった。文が素直に供述するようになったのは、何かの誘導があったのではないかという見方があり、自供だけさせて、判決が確定すると即時処刑するなど、だまされたのではないかという親族の意見もある。この事件は多くの謎があったが、全く解明されないまま終わった。

狙撃事件の処理をめぐる日韓対立

朴正煕狙撃事件に対する認識と処理をめぐって、日韓両政府間では意見の対立があった。「犯人は日本の警察から盗まれたピストルを持っていた。韓国人だが、日本で生まれたし、犯行は日本で計画され、日本人の共犯者もいるのだから、日本の責任」というのが韓国政府の立場だった。しかし、日本側には別の言い分があった。その一年前に発生した金大中事件が尾を引いていた。

犯人の凶弾で妻を亡くし悲しみに暮れていた朴正煕大統領は、消極的な日本政府の態度に憤慨していた。朴正煕の意を受けて、日本通の側近たち、無任所長官の李秉禧《イビョンヒ》はじめ韓日議員連盟の金守漢《キムスファン》、崔永喆《チェヨンチョル》などが密使として東京に出向いた。彼らは木村俊夫外相に面会し善処を要請したが、逆に厳しい口調で「日本に何の責任がありますか。日本に住む韓国人だが、韓国内における犯罪ではありませんか」と言われた。

これに対して李秉禧が「日本に住む者の犯行だし、大阪の警察官のピストルで大韓民国の〝国母〟が撃たれて亡くなったんですよ。それがどうして責任がないと言えるんですか」と不満を述べると、「私たちは道義的なことは全部行ないました。田中角栄首相がソウルまで行ってお見舞いしてきたではないか」と木村外相も毅然《きぜん》とした態度で言い返した。

狙撃事件が起こってから一〇日経っても解決の糸口は見つからなかった。公式ルートでの外交交渉は膠着《こうちゃく》状態に陥っていた。日韓の間に温度差があったのは、日本側が金大中拉致事件という物差しで文世光事件を見ていたからだ。

「拉致事件は、ＫＣＩＡによる日本の主権侵害であり、金東雲の指紋が出ているのに、韓国政府は事件の責任について何も対応していないではないか。なぜ、文世光という韓国人が韓国で起こした犯行に対して、日本政府が謝罪しなければならないのか」と。

しかも狙撃事件の前日、韓国政府は、金大中事件の捜査中止を日本側に通告していたために、日韓両政府の言い分は平行線をたどらざるを得なかった。

八月二九日、参議院外務委員会で文世光問題に関して質問があった。社会党の田英夫《でんひでお》議員は、一九七二年七月四日の南北共同声明の中で、「武力行使によらず、平和的という表現が使われています。現在、北朝鮮からの武力的な、軍事的な脅威があるというふうに日本政府はお考えになっているのかどうか」と質問した。木村俊夫外相は「北からの脅威があるかないかにつきましては、これは南の方が判断すべき問題でございまして、日本政府としては、現在客観的にそういう事実はないと、こういう判断をしております」と答弁した。

この木村答弁によって、金大中事件で日本から非難を受けたこともあり、韓国国内では反日感情が一気に爆発、ソウルの日本大使館前には抗議のデモ隊が押し寄せ、九月六日には群衆が日本大使館に乱入して日章旗を引きずり降ろす事態にまで発展した。日韓関係はその後急速に悪化し、国交断絶寸前まで至った。韓国政府は、陸英修大統領夫人の狙撃事件を契機に、金大中拉致事件での受け身の立場から攻勢的外交へ転換した。

朴正熙大統領は八月三〇日、後宮虎郎《うしろくとらお》駐韓大使を召致し、八月一五日に起きた大統領狙撃事件に関する日本政府の対応に不満の意を表明、「日韓両国の友好関係の維持のためには、日本をベースにした韓国に対する破壊活動が行なわれることがないよう、日本側が誠意ある姿勢を示してくれなければならない」と強硬な口調で言った。

九月二日、金東祚《キムドンジョ》外相が後宮大使に、文世光事件に関する共犯者および背後操縦者の捜査を要求する口述書を伝達した。これを受けて日本側は、一〇月二五日、後宮大使が金東祚外相に、金大中拉致事件に関連する要求事項を記載した口述書を伝達した。これは文世光事件を契機に韓国側が攻勢に出たので、それを牽制《けんせい》するための措置だった。

韓国政府はファーストレディの死亡による国家的メンツと国民感情のレベルで日本に貸

しをつくろうとした。しかし、日本側は依然として金大中拉致事件の延長線上に文世光事件を見ようとした。両国の間には温度差があり、容易に合意できる問題ではなかった。

日韓関係は最悪な状況で、国交断絶、大使召還まで取り沙汰されていた。

椎名《しいな》悦三郎自民党副総裁の謝罪訪韓

日本の国民感情や世論を見極めた韓国側の東京の交渉組は、朴大統領への進言について話し合い、崔永喆を大統領への報告役に選んだ。崔永喆は大統領に会って、東京の事情および世論などを詳細に伝えた。

「閣下、日本側は『拉致犯の指紋まで出ているのに韓国は知らんぷりしていた。なのに在日韓国人の文世光がソウルで起こしたことになぜ日本が責任を取らなければならないのか』と言っています。私の日本の部下たちは、拉致事件の首謀者たちを反国家的犯罪者たちだと憤慨しています」

崔永喆の進言を静かに聞いていた朴大統領は、「崔議員、田中首相に直接会って、私の話を伝えてくれ」と述べ、田中首相宛の手紙の内容を口述した。妻を亡くした大統領の痛切な訴えの私信を持って崔永喆は東京へ向かい、目白の田中邸を訪問。田中首相は朴大統領のメッセージを読み、「分かった」と言った。

これを受け、冷え込んだ日韓関係の鎮静化のために、親韓派として知られていた自民党副総裁・椎名悦三郎が九月一九日、政府特使として訪韓し、朴大統領と面会して田中親書を手渡し、文世光事件について謝罪した。坪川信三、金丸信《かねまるしん》、宇野宗佑《そうすけ》などが同行した。

椎名特使が朴大統領に手渡した田中親書の要旨は次の通りである。

一、朴大統領夫人の悲劇的な死に対し、重ねて哀悼の意を表する。
一、朴大統領狙撃事件の捜査事実から、事前準備が日本国内で行なわれており、日本政府として道義的責任を感じている。
一、同種の事件が再び繰り返されてはならない。日本政府として再発防止に最善を尽くす。
一、同事件に対し日本の警察当局も鋭意捜査をしている。韓国側の協力を得て、さらに事実の究明に努め、その結果、法を犯したものがあれば厳正に処罰する。
一、韓国政府の転覆を意図する犯罪行為、あるいは要人に対するテロ行為は厳正に取り締まる。

一、今回の件で日韓関係が危うくなれば日韓双方に不利益だ。両国政府は日韓関係を再び強固な基礎の上に築くよう努力すべきだ。

続いて椎名特使は口頭で、「今回の事件の準備が日本で行なわれたという事実について、それなりの責任を感じ、事件の発生について心から遺憾の意を表する」とし、「朝鮮総連など、団体の如何《いかん》を問わず、韓国政府の転覆を企図する犯罪行為や要人に対するテロ活動については、取り締まることで防止に最善を尽くす方針である」と述べた。

それにもかかわらず、椎名特使一行は朴正熙大統領にひどく責められた。朴正熙は外交交渉過程で日本側の強硬な姿勢に憤まんを抱いていた。それが爆発して怒りが収まらず、不平不満を漏らしたのである。青瓦台《チョンワデ》（当時の大統領官邸）を後にしながら、高齢の椎名悦三郎は李秉禧に脇を支えられて、「僕の生涯で、こんな侮辱を受けたのは初めてですよ」と漏らした。

金大中拉致事件に続いて起きた朴正熙大統領狙撃事件は、日韓両国の政治姿勢の違いから交渉を難航させていたが、大局的な見地から見て日韓関係の悪化の長期化は好ましくないと判断、椎名特使が田中親書を持参して訪韓し頭を下げることで、日韓関係の危機は終

軍事クーデター決行直後の朴正熙少将（前列左）と車智澈中佐（右から二人目。後の警護室長）

写真　ユニフォトプレス

息に向かった。

3　朴正熙大統領暗殺事件

朴正熙、側近たちとの恒例の宴《うたげ》

一九七九年一〇月二六日夕方六時から、ソウル市鍾路《チョンロ》区《グ》宮井洞《クンジョンドン》の中央情報部施設で、朴正熙大統領と政権中枢のメンバーによる晩餐会《ばんさんかい》が開かれた。この集まりは関係者の間では〝大行事〟と呼ばれていた。お酒を飲みながら重要な国政について話し合うのである。

ところが、この晩餐の場が一八年におよぶ軍事独裁政権に終止符を打つ場となった。車《チャ》智澈《ジチョル》警護室長が、軍の経歴や年齢からしても大先輩である秘書室長および中央情報部長に礼儀を持って接し、うまくたちまわっていれば悲劇は起こらなかった。秘書室長の金桂元《キムゲウォン》は大将、情報部長の金載圭《キムジェギュ》は中将という軍歴なのに対し、中佐上がりの車智澈は引け目を感じ、常にライバル意識を持っていた。

車智澈は警護室に情報処を新設して、そこで私設情報部隊を動かしていた。また、与野党に自分の息のかかった国会議員を作り、政局に関する情報収集を行なって、何かあれば大統領に対し情報部長より先に報告することで、従来、情報部が行なってきた政治工作を自ら指揮するなど、情報部長を出し抜いていた。

独裁政権では、最高権力者に先に情報を提供し、好意的な感情を抱かせることが、競争に勝ち残れる方法である。車智澈がこうした工作を活用して影の権力者の地位を確保していたため、秘書室長と情報部長は一歩出遅れていた。

朴正煕は車智澈のこのような越権的な行為や言動を放置したばかりか、時には煽《あお》ることもあった。こうした朴正煕の態度に対しては、陸英修夫人が亡くなったために人間性が変化したという見方もあった。権力者の孤独、さらには寡夫になったことに耐えなければならなかった朴正煕は、妻を失い、虚無的になっていた。晩年の朴正煕は緊張感を失っていたと周囲の人たちは感じていた。

朴正熙暗殺犯である金載圭ＫＣＩＡ部長（右）と、現場に同席していた金桂元秘書室長。
写真　東亜日報

平素から傲岸《ごうがん》不《ふ》遜《そん》な車智澈の態度に不満を持ち、彼の越権行為に我慢の限界を感じていた金載圭は車智澈の殺害を決意。しかも車智澈の言動を知りながら庇《かば》っている大統領も同罪とみなし、一緒に片付けるための準備をしていた。

その日、朴正熙大統領は、ヘリコプターで忠清《チュンチョン》南《ナム》道《ド》唐津郡《タンジングン》にある挿橋川《サッキョチョン》防潮堤に向かい、竣工式《しゅんこうしき》に出席した。久しぶりに農村地域を視察してきたことが息抜きとなり、機嫌が良かった。

地方に出張して帰ってきた後は、青瓦台にとどまって執務するのが朴正熙の習慣だった。その日も側近たちはそのように考えていた。しかし、気分が良かった朴正熙は、興奮を抑えることはできなかったようで、午後四時頃、車智澈に〝大行事〟を申しつけた。

午後四時一〇分頃、情報部長の金載圭に、車智澈から電話がかかってきた。

「今日の夕方六時に〝大行事〟があります」

午後四時三〇分頃、車智澈から金桂元にも電話がかかってきた。

「今夜、〝大行事〟をすることになりました。六時までに宮井洞に行ってください」

同じ頃、宮井洞の情報部施設本館にいる情報部儀典課長に、青瓦台警護室警護処長から電話がかかってきた。警護処長は「大行事がある」「接待の女性を二人準備しておいてくれ」と伝えた。

朴善浩《パクソンホ》儀典課長は事前に声をかけていた歌手の沈守峰《シムスボン》と、大学生で女優志望の申才順《シンジェスン》に電話をかけ、待ち合わせ場所および時間を約束した。朴善浩は午後五時過ぎに乗用車を運転して二人の女性を連れてきて、警護官待機室で待機させ、その間に二人に誓約書を書かせた。今日見聞きしたことを口外したら処罰されるという文言が印刷された書面だ。

金載圭は午後四時二〇分頃、宮井洞施設に到着した。情報部長の随行秘書官朴興柱《パクフンジュ》が部長専用車に同乗していた。

金桂元が到着したのは、午後五時二〇分頃だが、秘書室長であっても、情報部側の案内なしには宴会場には行けない。そこで金桂元が会議室で待っていると、金載圭が二階執務室から降りてきた。二人は時間がきたので晩餐会場である「ナ棟」へと向かった。金載圭は随行する朴興柱に「今日は第二次長補が、お客を連れてくる。私が七時までに行けなければ、先に食事を始めて欲しい」と伝えた。

午後六時五分、大統領が宮井洞に到着すると、待ち構えていた南孝周《ナムヒョジュ》事務官（宮井洞施設責任者）は、宴会部屋に大統領一行を案内した。青瓦台の警護官たちの任務は情報部管轄下の宮井洞施設に到着するまでで、その後の大統領の警護は情報部に引き継がれた。

政権中枢の対立激化

一九七九年五月に新民党総裁に復帰した金泳三は、朴正熙政権に対して強硬路線を堅持していたことから、朴正熙にとって目の上のたんこぶだった。あらゆる政治工作や懐柔策にも応じないため、与党民主共和党《ミンジュコンファダン》は、金泳三の外国人記者との会見内容を問題にして、金泳三を国会議員職から除名。すると、野党議員は集団で辞任届を提出して反発した。

同年一〇月一六日、金泳三の地元の釜山では、金泳三の議員職除名に憤る大学生たちのデモが発生した。学生たちは「独裁打倒」「維新撤廃」（維新は朴正熙の独裁体制を指す）な

朴正熙暗殺の瞬間を、金載圭本人が現場検証で再現している。　写真　東亜日報

どと連呼しながら、釜山都心部でデモを繰り広げた。デモは釜山全域に拡大し、馬山《マサン》にも広がった。いわゆる「釜馬事件」である。朴正熙政権は一八日には釜山に戒厳令、二〇日には馬山一帯に衛戍令《えいじゅれい》を発動した。

金桂元は宴会部屋に入ると、真向いの大統領に向かって、「今日はお疲れでしょう。大丈夫ですか」とあいさつした。大統領は大丈夫だと答え、「KBS（韓国放送公社）では竣工式を放映しないのか」と訊《たず》ねると、車智澈が「時間になったらテレビをつけましょう」と答えた。

その後、朴正熙が金載圭に「釜山・馬山のデモは大丈夫か」と聞くと、「はい、大丈夫です」と、金載圭が答えた。

「釜山の事件は新民党が扇動して起こしているのではないか。何で学生たちは大騒ぎしているんだ。中央情報部が苦労しているのは分かるが、もっと情報を収集しないと」

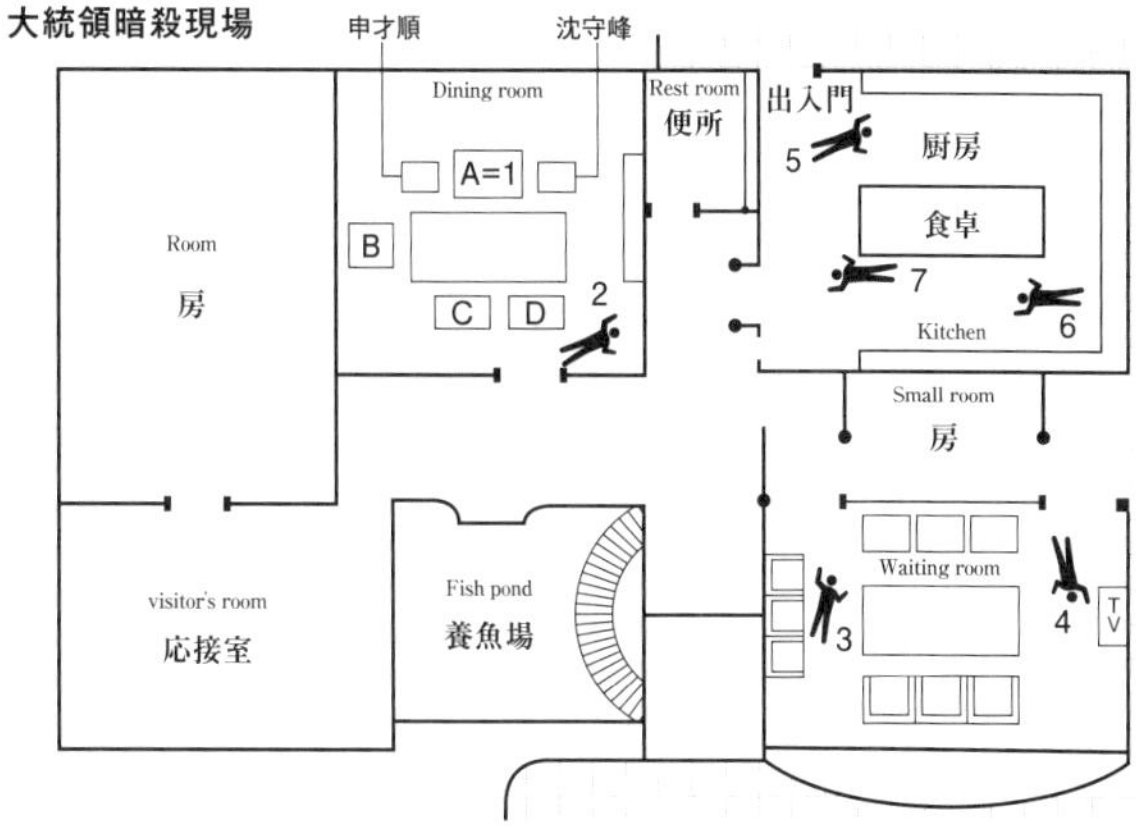

【宴会部屋】A=朴正熙大統領　B=車智澈・警護室長　C=金載圭・KCIA 部長　D=金桂元・秘書室長

【死亡した人々】
1=朴大統領　2=車警護室長　3=鄭仁炯・警護室警護処長　4=安載松・警護室警護副処長
5=金容太・大統領専用車運転手　6=金鏞燮・警護官　【重傷】7=朴相範・警護係長

朴正熙暗殺現場の間取り。金載圭（C）がまず左の車智澈（B）を撃ち、続けて朴正熙（A）を射殺した。警護の人間も厨房や待機室で殺害された。

図版　東亜日報参照

「分かりました」

と答えたものの、大統領の政局に対する認識不足に金載圭は嫌気がさしていた。大統領は、車智澈の嘘《うそ》の情報を鵜呑《うの》みにし、釜山での事件は金泳三の新民党が操っているという先入観のもと、金載圭と情報部を叱責したのだ。これで金載圭の怒りにさらに火がついた。

一〇月二五日、青瓦台で釜馬事件対策会議が開かれ、朴正熙と国務総理はじめ、安保関係閣僚などが出席した。この事件の分析で、「長期政権への国民の不満」という発言が出ると、朴正熙は「事件を背後で操る金泳三の方が原因だ」と指摘し、次のように指示した。

「情報部や内務部の情報機関は、今回の釜馬事件と関連して大いに反省しなければならない。事前に充分な情報活動をしてないじゃないか。釜馬事件の拡大原因は、第一は、事前情報活動の不足、第二は、それによる初動段階での鎮圧の失敗、第三は、第一線の公務員たちの不正だ。野党が勢いづいているのはお前たちの責任が大きい」

このような大統領の誤った認識は、車智澈の情報操作および捏造《ねつぞう》した現場報告によってできたものだ。車智澈のような側近に頼らざるを得なかった朴正熙の政権運営は末期的な状況だった。この期に及んで、一歩間違えれば大惨事が起こるかもしれない、という状況が金載圭の頭の中で浮かんでいた。

車智澈が控室で待機している二人の女性を宴会部屋に連れてきた。沈守峰は朴正熙の左側、申才順は右側に座った。申才順は金載圭の真向いに座ったため、この日の出来事の最重要目撃者となった。

朴正熙が沈守峰を見て声をかけ、「こちらは、テレビでよく見る顔だ……」と言い、申才順を見て「この人は初めてだな」「きれいな顔だ。名前はなんと言うのかね？　年齢は?」と訊ねた。申才順は小さな声で答える。

二人の女性のおかげで、宴席の雰囲気は和らぎ、朴正熙は早いピッチで飲み続けた。車智澈と金載圭は酒を飲むフリをしているだけだったが、しばらくして車智澈が過激なことを話し始めた。

「情報部は釜馬事件もそうだが、何をしているんだ」

朴正熙もこれに同調し、車智澈も大統領をけしかける。

「あんな連中、一気に片付けてやります」と車智澈が興奮して叫ぶのに対し、金載圭は慎重な意見を述べていた。

金載圭、万端の準備整える

〝大行事〟が始まる約一時間半前の午後四時四〇分頃、金載圭は尹炳書《ユンビョンソ》儀典秘書の部屋にいる朴興柱を呼び出し、「陸軍参謀総長に電話をつないでくれ」と指示した。傍《そば》にいた尹秘書が鄭昇和《チョンスンファ》総長に電話をかけ、金載圭に、「陸軍参謀総長殿が電話に出られました」と言うと、金載圭は話し始めた。

「鄭総長、これから、時間ございますか」

「特に用事はありませんが」

「夕食をご一緒しながら、お話でもしましょうか」

「わかりました」

「宮井洞、前にお会いしたことある場所……ご存じでしょうか」

「知っています」

一方、この夜の事件で脇役となる情報部第二次長補・金正燮《キムジョンソプ》は、金載圭から「夕方六時三〇分に宮井洞に来るように」と言われていた。

鄭昇和は午後六時三五分頃、少し遅れて金正燮が、宮井洞情報部施設に到着した。二人は初対面だったが、金正燮が鄭総長を秘書室に案内した。この時、情報部長随行秘書官・朴興柱が現れ、金正燮に「部長殿（金載圭）は大統領との晩餐に行かなくてはならないため、お二人には先に始めて欲しいとのことです」と伝えた。

そのことを金正燮が鄭総長に伝えると、鄭総長は顔を曇らせた。前にも同じようなことがあったからだ。

しばらくして金載圭は宴会部屋を抜け出し、鄭総長に会いにきた。

「鄭総長、申し訳ありません。いろいろとお話したかったのですが、大統領から急に呼び出されたのです。すぐ終えて来ますから、彼（金正燮）と話をしていただけませんか。彼は、国内の現状をよく知っていますから」

　そして、金載圭は、トイレで、とんでもないことを思いつく。

　ここで車室長を撃ってしまおう。だが、車智澈を殺しただけでは問題解決にならない。やるなら大統領も排除しなくては。

全斗煥ら反乱軍に強制連行される鄭昇和陸軍参謀総長兼戒厳司令官。
写真　東亜日報

　これは犯行二日後の一〇月二八日に作成された金載圭の陳述書にある言葉だ。犯行直後に取られたため信憑性《しんぴょうせい》が高いと思われる。彼に殺害を決意させたのは、この夜の車智澈の言動だった。

　金載圭の自筆陳述書には次のように書いてある。

金庫に保管してあった32口径のドイツ製小型ピストルを取り出した。実弾も取り出し、弾倉に七発入れてピストルに差し込み、装填点検をしてみたが異常はなかった。一発目を装填し発射するようにしておいた。この銃をいつでも取り出せるように、本棚の上の段にある『国際情報資料』という本の後ろに隠しておいた。

金載圭はトイレから出てくると、本棚に隠していたピストルを取り出し、ズボンの右ポケットに忍ばせた。金載圭が本館玄関を出て旧館に向かうと、金載圭の行動に不審な動きを察知した腹心の朴善浩と朴興柱が寄ってきた。金載圭は上着をめくり、ズボンのポケットを軽く叩くと、こう言った。二人にはポケットが膨らんでいるのが見えた。

「国が誤れば、君たちも私も死ぬ。今晩、私は車《チャ》と大統領を殺害する。宴会部屋から銃声が聞こえたら、君たちは警護官たちを始末しろ。覚悟はできているな」

「できています」

朴善浩が「閣下もですか」と訊ねると、金載圭は「そうだ」とうなずいた。朴善浩は「今晩は警護官が七人もいます。次の機会はどうでしょうか」と言うと、「今日やらなくては話が漏れる。頼れる者を選べ。みんな始末するんだ」

朴善浩は暗殺指令を聞くと、果敢に行動を開始し、宮井洞施設警備員管理責任者の李基《イキ》柱《ジュ》と自身の運転手・柳成玉《ユソンオク》を呼びつけた。李基柱は朴善浩と同じく海兵隊出身で、太極拳と柔道に長《た》けていた。柳成玉は気性が荒く勇敢だし、服従心が強いので選抜した。

朴善浩は李基柱と柳成玉を自分の乗用車に乗せて、ナ棟の裏庭に向かった。

「宴会場の中から銃声が聞こえたら、君たちは厨房《ちゆうぼう》に行き、警護官たちを取り押さえろ」

「警護官が撃ってきたら？」

李基柱が訊くと、

「その時は撃て」

さらに朴善浩は柳成玉に「車を厨房の方に移動しておけ」と命じた。

朴善浩はナ棟正門に行き、警備の徐永俊《ソヨンジュン》に李基柱と交代するように命じた。徐永俊は交代して二〇分も経っていないのに、と不思議に思っていたという。

柳成玉は朴善浩に命じられた通り車を厨房の外壁沿いに停《と》めた。ナ棟は大統領秘書室長の車さえ入ってこれない場所なので、管理責任者の南孝周も驚いたが、朴善浩課長の指示ということで納得した。

朴正熙、最後の晩餐

朴正熙は上着を脱ぎ、それに合わせて、金桂元も車智澈も、上着を脱いだ。その時、ちょうど金載圭も宴会部屋に入ってきて、上着を脱いだ。朴正熙はＫＢＳの午後七時のニュースで、駐韓米国大使が金泳三と面会したという報道を見て、イライラしていた。

朴正熙は、金泳三を拘束し、起訴するように指示したが、政権内部で止められたことに不満をあらわにした。

「情報部は確実な情報を集めて、立件すべきだろう」

これに対して、金載圭は決心したように強硬な意見を述べた。

「野党に対し、国会に出てくるよう促すべきです。海外の論調も好ましくありません」

これまで大統領に対して「はい」とだけ答えていたのとは違い、堂々と意見を述べたのは、すでに決行の決意ができていたからだろう。

そこへ車智澈が口を挟んで暴言を吐いた。

「反政府的な連中がマスコミに乗って扇動しているだけのことで、あんなやつらは戦車で踏みつぶしてやります」

朴正熙は米国のカーター大統領再選の報道を見て、テレビを消すように指示した。

朴正熙は金泳三とカーターに憎悪を抱いていた。金泳三と朴正熙は、「犬猿の仲」だったし、在韓米軍撤退を掲げたカーター大統領を朴正熙は嫌悪していた。そのカーターと米国の力に頼っている金泳三を、それ以上に軽蔑した。

「今日は、酒でも飲もう」と朴正熙は金桂元にグラスを差し出した。酒が回り、雰囲気が少し和らぐと、朴正熙は「歌でも聞かせてもらおうか」と言った。沈守峰がギターで『その時、その人』（当時大ヒットしていた彼女の歌）を歌い始めた。

さらに朴正熙からのアンコールで『涙に濡れた豆満江《トゥマンガン》』を歌う。彼女が二曲目を歌い終わると、車智澈が「次からは、歌った人が次に歌う人を指名するのはどうでしょう」と提案した。それがいいということになり、沈守峰は車智澈を指名、車が「トラジ、トラジ、白《ペク》トラジ……」と民謡を歌った。

この時、朴善浩から金載圭に連絡が入り、金載圭が部屋を出て行ったことに朴正熙は気がつかなかった。車智澈が歌ったアンコール曲は『旅人の悲しみ』で、朴正熙は調子を合わせて手拍子した。

部屋から出てきた金載圭は、朴善浩に「準備はできたか」と問い質し、準備ができたのを確認すると、金載圭は宴会部屋に戻った。

朴正煕、情報部長に射殺される

朴正煕は申才順と一緒に歌っていた。徐々に歌が盛り上がっていく。その時、金載圭が右隣に座っていた金桂元の股を軽く叩き、ピストルを右ポケットから取り出した。「閣下、こんなやつらと一緒に、まともな政治ができますか！」と言うと、ピストルで車智澈を撃ち、続けて朴正煕を撃った。軍事独裁政権の心臓を撃ち抜いた瞬間だった。

この瞬間を、大統領の隣の席で目撃した申才順は「大統領はその光景を見まいと目を閉じ、胡坐《あぐら》をかいていた。危機的な状況にもかかわらず微動だにしなかった」と証言している。

そして同時に、電気が一斉に消えた。待機室や厨房は、ピストルの音と「動くな！」という怒声が飛び交い、修羅場と化した。金桂元は、「電気をつけろ！」と叫ぶ。

宴会部屋と待機室は一二メートルしか離れていない。朴善浩は待機室のソファーに座って銃声を待っていた。ピストルに軽く手を当てたまま、宴会部屋に神経を集中していた。

銃声が響く。金載圭が車智澈を撃った銃声だった。朴善浩がピストルを抜いて立ち上がる。同じ部屋にいた警護処長・鄭仁炯《チョンインヒョン》と副処長・安載松《アンジェソン》は椅子に座ったまま、朴善浩を見上げていた。鄭仁炯は実の兄弟より親しく、安載松は後輩で、射撃の韓国代表だった。二人ともできれば殺したくなかった。安載松が銃を抜こうとしたとたん、朴善浩が「動くな！」と叫ぶ。

二発目の銃声が聞こえた。朴正煕を撃ったものだ。一発目と二発目のあいだに四、五秒かかったと朴善浩は証言した。

この二発目の銃声を聞いて、二人の警護官の手がピストルにかかった。

「抜くな！　動けば撃つ！　おい、一緒に生きよう！」

朴善浩は鄭仁炯に向かってこう叫んだ。鄭仁炯はおとなしくした。それから少しして、厨房から銃の連射音と怒声が聞こえてきた。安載松は鄭仁炯を見て、座った姿勢のまま、ピストルを抜こうとした。同時に朴善浩が銃を撃つ。安載松は床に倒れた。安載松が倒れた瞬間、鄭仁炯がピストルを抜きながら朴善浩に飛びかかった。朴善浩は鄭に向かって引き金を引き、鄭は倒れた。

車中では、朴興柱、李基柱、柳成玉の三人が銃声が聞こえるのを待っていた。宴会部屋から最初の銃声が聞こえると、大統領専用車の運転手・金容太《キムヨンテ》が中に駆け込んでいった。金容太が厨房に入る時、後ろを振り返る動きをした。それを見ていた柳成玉は金容太がピストルを抜いていると錯覚し、金容太に向けて銃を撃った。金は倒れて厨房の床をはっていたが、柳成玉はさらに三発撃って、金容太は絶命した。

一九七九年一〇月二六日夜、宮井洞の中央情報部施設で行なわれた晩餐の席で、朴正熙大統領は中央情報部長・金載圭によって射殺された。金載圭が最も憎んでいた警護室長・車智澈が先に撃たれ、一連の過程で、警護処長や警護副処長など四人が巻き添えになって、銃弾に倒れ、犠牲となった。

チャンス到来の全斗煥保安司令官

金載圭は大統領殺害後、鄭昇和総長とともに南山の情報部本部に行こうとしたが、鄭総長が強く反発し、陸軍本部に行くことになった。頭の中が混乱していたことはあるとしても、金載圭の計画はずさんなもので、大統領殺害までの計画しかなかった。暗殺が思いつきで行なわれたことがよく分かるエピソードだ。そして、この時、情報部ではなく、陸軍本部に行ったことは、彼にとって致命的な失敗だった。

というのも、大統領を殺害した後、金載圭は金桂元と口裏を合わせて、国務会議（閣議）を召集して戒厳令を敷き、鄭昇和総長に戒厳司令官として実権を握らせよう、そうすれば、友好な関係にある鄭総長と一緒に事態が掌握できる、と考えていたに違いない。

午後一一時に国防部会議室で緊急国務会議が召集され、崔圭夏《チェギュハ》総理はじめ、関係閣僚が集まって対策を議論した。しかし、大統領の安否も知らされず、事件現場にいた関係者たちも明言を避けたために真相が分からず、会議の出席者は疑心暗鬼だった。そこで盧載鉉《ノジェヒョン》国防部長官と鄭昇和総長が金桂元秘書室長を別室に呼び、問い質したところ、「実は、金部長と車室長が言い争いになり、金部長の銃弾で閣下は亡くなられました」と告白して金載圭の逮捕を求めた。そこで鄭昇和総長が金晋基《キムジンキ》憲兵監を呼び、金載圭の逮捕を具体的に指示する。

「金載圭部長に会い、私が待っていると伝えてきてくれ。廊下に捜査官を待機させ、そこで逮捕する。金部長はピストルを所持しているので、用心して。金部長を傷つけず、逮捕したら保安司令官に引き渡しなさい」

さらに鄭総長は全斗煥保安司令官を呼び、金載圭を逮捕したら、捜査を開始するよう指示した。そして戒厳令が宣布されたら、全斗煥が合同捜査本部長になると伝えた。

金載圭逮捕作戦は金晋基憲兵監の指揮で行なわれ、保安司令部の呉一朗《オイルラン》中佐と国防部憲兵中隊長の李基徳《イキトク》大尉によって拘束され、武装解除された。二七日午前零時二〇分頃だった。

呉一朗中佐は金載圭を乗用車に押し込んで、貞洞《チョンドン》保安司令部分室に連れて行った。ところが、その保安司令部分室は兵力がほとんどなく、すぐ隣が情報部分室であり、今にも金載圭の部下たちが襲ってくるのではないかと怯《おび》えていた。この報告を聞いた全斗煥司令官は西氷庫《ソビンゴ》分室に金載圭を移すように指示した。

金載圭は保安司令部の西氷庫分室調査室に連れて行かれた。かつては保安司令官を務めたこともあり、古巣でこんな目に遭うとは数奇な運命だった。深夜二時三〇分頃、金載圭は「私が閣下を殺した。もう時代は変わった」と話しだした。

この時、金載圭は、鄭昇和総長も事件現場にいたとし、一緒に車に乗って陸軍本部に来たと話した。クーデターが組織的、計画的に行なわれたものであることを暗示しようとしたのだ。この言葉に、捜査官たちは動揺した。クーデターが進行中かもしれない。そして、クーデターが成功した場合は、自分たちが逆に糾弾されかねないと考えたのだ。

全斗煥たちは、別室のテレビモニターで金載圭の取り調べを見守っていた。大統領を暗殺した金載圭が、どの部隊を動かそうと計画しているのか、いち早く知る必要があった。クーデターが大した規模でなければ鎮圧し、動員兵力が大規模であれば、金載圭サイドに寝返らなければならないという計算が働いていた。

ところが、金載圭は取り調べが始まってほどなくして、事件の全貌を話し始めた。事件は大規模、計画的なものではなく、金載圭の単純犯行、部隊の動員はないと確認された。全斗煥は、モニターを見ながらひと安心した。

一方、「鄭昇和陸軍参謀総長も現場にいて、一緒に車に乗って陸軍本部まで行った」という金載圭の供述は、大きな波紋を呼んだ。鄭昇和総長が戒厳司令官に任命されてから、わずか七時間後に浮上したこの疑惑が、その後の情勢を大きく左右することとなった。

全斗煥保安司令官は金載圭を大統領殺害犯として逮捕し、崔圭夏大統領権限代行は一〇月二七日午前四時に済州島《チェジュド》を除いた全国に非常戒厳令を宣布した。この事件に関わった金載圭、金桂元、朴興柱、朴善浩、李基柱、柳成玉に死刑宣告が下され、最終的に金桂元を除く全員に死刑が執行された。

朴正熙大統領の殺害犯・金載圭は犯行から七カ月後の五月二四日、光州事件の最中に大急ぎで処刑された。それでも金載圭の裁判は全斗煥など新軍部の思惑通りには運ばなかった。さまざまな圧力や誘惑にもかかわらず、大法院（最高裁）判事一四人中、六人は内乱目的ではないと判示した。だが、六人の意見は無視され、八人の多数意見により、金載圭など五人の死刑が確定した。「内乱目的」を認めなかった六人の判事はその後、排除される運命となった。

4　永遠のライバル　朴正熙と金大中

韓国現代史における政治指導者として最大のライバル関係は、朴正熙と金大中である。朴正熙は、一九六一年に軍事クーデターを起こして政権を掌握すると、破綻に直面した韓国経済を立て直すために、日韓国交正常化を推進し、日本から導入した対日請求権資金を基幹産業育成に優先的に使用して経済発展の基盤を造り、「漢江《ハンガン》の奇跡」を起こした産業化の立役者だ。

一方、金大中は、軍事独裁政権に抵抗し、四十数年間にわたって苦難の政治家生活を送りながら、民主化運動を先頭に立って戦い、四度の挑戦で大統領に上りつめた民主化運動の指導者だ。

金大中にとって、朴正煕は宿命的なライバルだった。金大中が一九六三年の国会議員選挙で当選すると、野党のスポークスマンとして、軍事政権の失政を正面から攻撃したことから、朴正煕にとって放置できない存在となった。

次の国会議員選挙で、金大中が木浦《モクホ》から再び出馬すると、朴大統領はKCIAと内務省の幹部らを青瓦台に呼びつけ、「今度の選挙では、どんなことがあっても金大中を落選させろ」と指示した。公務員など組織ぐるみで「金大中落選」工作が始まった。与党候補は逓信相を務めた金炳三《キムビョンサム》だったが、実質的な相手は朴正煕だった。木浦の選挙は全国的に注目され、メディアは連日、木浦の選挙戦を報道、外国人記者も押しかけた。

朴大統領が与党候補を応援するために木浦を訪問すると、全閣僚が木浦に集まり、国務会議が開かれた。港湾整備、空港建設、工業団地の誘致など、バラ色の公約を発表し、与党候補を応援した。

これには木浦市民も心が揺れた。と同時に、朴大統領がどうしてあれほど金大中を執拗《しつよう》に落選させようとするのかに関心が集まり、金大中が大統領になれる人材なので、その芽を早めに摘んでおきたいということだろうと考えるようになった。こうして「金大中の話を聞きに行こう。そして金大中を守ろう」という動きとなり、市民が遊説場に押しかけた。

金大中は聴衆に向かって、「私は民主主義を守るために命を懸けます。不正選挙に反対しましょう」と叫び、市民は熱狂的に歓呼。相手陣営はさまざまな不正選挙を画策していたが、それを打ち破って勝利した。

当時、金大中は大統領選に出馬する意思はなかった。まだ若手の政治家で、党内の支持基盤も弱かったためだ。その金大中を大統領候補に引き上げた最大の功労者は、皮肉にも朴正煕だった。朴正煕を相手に戦った選挙に勝利することで、金大中は政治力が増大し、知名度を高めたのである。

朴正煕は一九六七年の大統領選挙で再選すると、自ら作った大統領三選禁止の憲法条項を改正し、一九七一年の大統領選挙に立候補した。その時の野党新民党の候補が、四七歳の金大中だ。金大中は、郷土予備軍の廃止、米・中・ソ・日四大国による朝鮮半島保障論、南北朝鮮の和解と交流、大衆経済論などを主張した。

金大中は出身地の全羅道をはじめ、ソウルなど首都圏や大都市ではリードしたが、慶尚道と農村部で大量得票した朴正煕が約九五万票差で当選。大統領選挙でも官権と金権による不法選挙が全国規模で行なわれ、金大中は「選挙で勝って、投開票で負けた」と宣言した。

朴正熙は国民による直接選挙では勝てないと認識し、一九七二年一〇月一七日、大統領特別宣言を宣布。国会解散、政党の政治活動の中止などを行ない、憲法の一部機能を停止させ、祖国の平和統一のための体制整備という名目で憲法を改正した（新憲法は維新憲法と呼ばれる）。大統領選挙は統一主体国民会議（大統領を選出する選挙人団）による間接選挙の仕組みとした。しかも国会議員の三分の一を大統領が推薦する。大統領任期六年、重任可能。これで終身大統領が可能となった。

それでも、彼は金大中の動向に神経を使っていた。金大中は日本と米国を往復しながら、反政府・民主化運動を展開。日米の政界・言論界・学界などの有力者たちと接触して、非民主的な軍事独裁政権への支援中止を要請するなど、朴正熙としては看過できない存在となった。そして、朴正熙の苦悩を察知した李厚洛が忠誠心から発案したのが金大中抹殺計画だ。だが、拉致・殺害計画は失敗し、米国と日本の圧力を受け、外交的な孤立を招くことになる。

後に真実委の設置によって、秘密にされた資料が公開され、金大中事件に関与した当事者が真実を告白したことから、事件はＫＣＩＡによる組織的な犯行であったことが明らかになった。

これが、その翌年に起きた、文世光による朴大統領狙撃事件をめぐる日韓交渉にも影響を与えたのは前述した通りである。

李厚洛は結局、金大中事件の責任を取ってＫＣＩＡ部長職を解任され、文世光事件での陸英修夫人死亡の責任を取って朴鍾圭警護室長が辞任した。朴正熙体制の支柱だった二人を失ったことで、朴正熙政権は不安定となった。さらに、後任のＫＣＩＡ部長である金載圭と警護室長の車智澈が激しく対立し、権勢を振りまわす車智澈に対する反感から、金載圭が朴正熙と車智澈を暗殺する事件が起こる。そしてこの政治の空白時に、事件捜査を担当した国軍保安司令官の全斗煥ら新軍部勢力が台頭した。

朴正熙の非民主的な政権運営は、末期にはいっそうその度合いを増し、最側近に射殺される運命となった。しかし、軍事クーデターという手段で政権を奪取し、長期にわたって軍事独裁を続けたとはいえ、貧困から抜け出すために産業化を推進して、奇跡的な経済成長を成し遂げ、国民の生活水準を引き上げ、韓国を中進国にした朴正熙の実績は、歴史的に評価されるべきであろう。

一九七九年春、政権の末期症状を感じた金大中は、朴大統領と会って、政治情勢に関して話し合いたいと考え、側近を青瓦台に送って車智澈警護室長に仲介を要請したが、実現しなかった。最近公開された資料によれば、金大中は一九七五年にも朴正熙との対話を提案したことがある。経済発展の成果は認めつつも、誤った政策を是正してもらうためには対話が必要であると考えて提案したが、受け入れてもらえなかったという。

長期にわたる軍事独裁の非人道的・非民主的な政権運営はともかく、朴正熙は産業化を推進して、韓国の経済成長を成し遂げた。金大中は与野党の政権交代を実現させ、民主化を達成した。二人は強力なライバルであったが、善《よ》し悪《あ》しは別として、それぞれ異なる役割を果たした。両人は韓国現代史に刻まれる足跡を残したと言えるだろう。

第2章　全斗煥新軍部政権の登場

1　新軍部がクーデターにより政権を掌握

全斗煥、中央情報部の全権を握る

朴正煕大統領の死亡が確認されると、ただちに非常戒厳令が宣布され、鄭昇和陸軍参謀総長が戒厳司令官に就任、全斗煥が合同捜査本部（保安司令部）本部長に任命された。

金載圭情報部長が朴正煕大統領銃撃殺害犯として逮捕された一〇月二七日の朝、金正燮情報部第二次長補が犯罪捜査団長に連行された。天下のＫＣＩＡの権威が地に落ちたことを表す出来事だった。

しばらくすると保安司令部からＫＣＩＡ本部に連絡が入り、鄭昇和が会議を開くため、尹鎰均《ユンイルキュン》、全在徳《チョンジエドク》の情報部次長二人を除いた各室長、局長全員は陸軍本部に集まるようにという指示だった。ＫＣＩＡの室長、局長二〇数人が陸軍本部の地下に集まり、一人ずつ呼ばれて行くと、がっちりした男たちが両側から腕を拘束し、ある者は保安司令部西氷庫分室に、ある者は憲兵隊に連れて行かれた。

戒厳令宣布直後、全斗煥は保安司令部に検事総長、治安本部長、情報部次長ら幹部を呼び、合同捜査本部会議を開いた。朴正熙大統領が生前に、戒厳令下では全斗煥が合同捜査本部長になり、情報部、検察、警察など捜査機関を指揮できるようにしていたのだ。全斗煥は殺害現場の略図を指しながら、「犯人は金載圭情報部長です」と説明した。

情報部次長の尹鎰均は呆然とした。尹次長が情報部に戻った時、鄭昇和総長から電話がかかってきた。「当分、尹次長が（情報部）部長代行をしてくれ」という命令だった。

そこへ早速、全斗煥から電話が入った。

「部長職務代行を命じられましたね。犯人は情報部なので、あなたが情報部の者たちを捕まえて欲しい」

「保安司令部がやればいいじゃないですか」

「保安司令部は情報部員の顔や所属も知らない。情報部にやってもらわないと」

こうして尹鎰均は、自分の部下たちを逮捕することになった。

粛軍クーデターを起こして、自ら大統領となった全斗煥。

写真　ユニフォトプレス

しかし、情報部員の顔や所属を示す名簿など、そう簡単に見つかるはずもなく、〝大行事〟を知っている者もいなかった。金載圭は情報部の人員などの記録を残しておらず、名簿は出てこなかった。ただ、金載圭の机の引き出しから名前だけ記されている紙切れが見つかり、それが手掛りとなった。

これにより尹部長代行は一人も残さずに捕まえることができたので、全斗煥に「全員捕らえました」と報告。ところが、最終的には合同捜査本部が逮捕したと発表された。もはや情報部は存在すら消されたようになっていたのである。

保安司令部西氷庫分室に連れて行かれた情報部の幹部たちは、大統領殺害事件に関与したかどうか集中的に調査を受け、嫌疑がないことが分かると、全斗煥の説教を聞いた後、一週間ぶりに帰らされた。

新軍部の粛軍クーデター

全斗煥は戒厳令下で捜査権を掌握してKCIAの機能を無力化し、莫大《ばくだい》な情報量と権限を握った。そして、軍内部の私的組織「ハナ会」を動かして、軍の動向を細かく把握していた。ハナ会は全斗煥、盧泰愚ら陸軍士官学校一一期生が中心になって作った秘密組織で、朴正煕の庇護《ひご》の下であらゆる恩恵を享受し、朴正煕の親衛隊的存在だった。

　しかし、全斗煥の陰謀を実現するうえで障害があった。陸軍参謀総長で暫定的に戒厳司令官となった鄭昇和の存在だ。鄭昇和はこの非常事態に対応するために尹誠敏《ユンソンミン》陸軍参謀次長、張泰《チャンテ》玩《ワン》首都警備司令官、鄭柄宙《チョンビョンジュ》特戦司令官などを中心とした指揮系統を再編し、「一〇・二六事件」に関与したKCIAと大統領警護室の権限を縮小した。そして、この軍の人事問題や朴正煕暗殺事件の捜査をめぐっては、鄭昇和と全斗煥との間では意見の衝突があった。鄭昇和は全斗煥およびハナ会の不穏な動きを察知して、ハナ会の解体を計画し、国防部長官・盧載鉉に合同捜査本部長（全斗煥）を交代させるよう提案した。

　この情報を聞いた全斗煥は、ハナ会のメンバーとともに鄭昇和を排除する作戦を立てる。朴正煕が暗殺された時、鄭昇和は事件現場である宮井洞施設の別棟におり、その後、金載圭と一緒に乗用車に乗って移動した。このことを利用すれば鄭昇和を朴正煕暗殺の共犯に仕立て上げることができると計算したのだ。

　一二月六日、崔圭夏大統領代行が統一主体国民会議において大統領に選出された。続いて一二月一〇日、申鉉碻《シンヒョンファク》副総理が国務総理に任命された。その二日後、「一二・一二クーデター」が起こる。

一二月一二日午後七時に決行されたクーデターは「誕生日の宴」という作戦名で、ハナ会は万一のことも考えて首都警備司令部第三〇警備団に指揮部を設置。鄭昇和側が兵を動かした時には、戦闘もやむなしという構えだった。

その日の午後六時三〇分頃、全斗煥は崔圭夏大統領を訪ね、鄭昇和参謀総長連行の裁可を要求する。しかし、崔圭夏は国防部長官（盧載鉉）の不在を理由に拒否した。

全斗煥の指示により、保安司令部人事処長の許三守《ホサムス》大佐と陸軍本部犯罪捜査団長の禹《ウ》慶允《キョンユン》大佐の指揮の下で、保安司令部の捜査官八人と合同捜査本部の憲兵一個中隊六〇人が、ソウル漢南洞《ハンナムドン》にある陸軍参謀総長公館を襲撃。銃撃戦の末、鄭昇和を拘束し、保安司令部西氷庫分室に連行した。

鄭昇和総長に事故があった場合の任務代行者である尹誠敏参謀次長は、さまざまな情報を総合して、この事件を軍事反乱であると判断し、午後八時二〇分、首都圏に非常命令「珍島犬《チンドケ》一号」を発令、午後九時には全国に拡大した。同時に尹誠敏次長は自分の肉声命令による以外、絶対に兵力を移動してはならないと各部隊に命じた。

午後九時三〇分頃、全斗煥は六人の反乱軍側将軍とともに再び崔圭夏大統領を訪ね、脅迫したが、崔圭夏は裁可を下さなかった。第三〇警備団長室に戻った全斗煥は軍部隊を動かすことを決意し、自分の息のかかった首都圏の部隊に出動を命じた。

鄭昇和総長連行の事実を知った戒厳司令部側は、反乱軍の鎮圧に乗り出した。鄭柄宙特戦司令官と張泰玩首都警備司令官は、武力を使用して反乱軍を討伐しようとしたが、軍の指揮系統上、大統領、国防部長官の認可がなければ部隊を動かすことができない。

反乱軍側は軍を進めながら、全斗煥は尹誠敏参謀次長に直接電話をかけ、双方ともに兵力を出動させないで、平和的に事態を解決しようと提案。そして尹誠敏はこの欺瞞策《ぎまんさく》に引っかかってしまう。鄭昇和の連行当初、反乱の鎮圧に全力を注いでいた尹誠敏は、平和的に解決しようという全斗煥の甘い言葉を信じ、消極的な姿勢になっている間に、反乱軍側の部隊がつぎつぎとソウル市内に侵入したのだ。

第九師団長の盧泰愚少将は三八度線近くに配置されていた第二九連隊を率いてソウル入りし、さらに李相圭《イサンギュ》准将は第二機甲旅団を率い政府庁舎を占拠した。各方面から集まってきた反乱軍は国防部や陸軍本部、特戦司令部などを占拠し、放送局や新聞社を統制下に置いた。

中途半端な対応を強いられた陸軍首脳部は結局これを迎え撃つことができず、張泰玩首都警備司令官と鄭柄宙特戦司令官が逮捕され、李建栄《イゴンヨン》三軍司令官、尹誠敏参謀次長、文洪《ムンホン》球《グ》合同参謀部本部長などが武装解除させられた。反乱軍は無血でクーデターに成功した。

さらに、全斗煥は国防部地下に隠れていた盧載鉉を連行して、その場で鄭昇和連行の裁可にサインさせ、盧載鉉を連れて崔圭夏のもとに赴き、崔圭夏大統領の裁可を受けた。

当時、国務総理であった申鉉碻は、一九八八年一二月六日、国会聴聞会において次のように証言した。

「あれは大統領が追認をしたとしても、下剋上《げこくじょう》だ。軍の命令系統に従わず兵力を移動した部分と、大統領の決裁前に上官を連行したことは違法であり、正常なものではない」

不法手段を用いて軍権を掌握した全斗煥は、大々的な軍の人事刷新を断行した。新軍部勢力は翌年一月二〇日、鄭昇和系列の張泰玩首都警備司令官、鄭柄宙特戦司令官、李建栄三軍司令官などを予備役に編入。鄭昇和参謀総長には懲役一〇年を宣告した。

これに対して、新軍部を主導した勢力は軍の要職に就かせた。陸軍参謀総長兼戒厳司令官に李熺性《イヒソン》中将、首都警備司令官に盧泰愚少将、特戦司令官に鄭鎬溶《チョンホヨン》少将が任命されるなど、軍の要職を全斗煥一派が独占した。

全斗煥、大統領へのシナリオ

軍の主要ポストを掌握した新軍部は、次のステップとして政権獲得に乗り出した。

ＫＣＩＡは大統領直属の機関で、捜査権は検察の上に置かれている。米国のＣＩＡを模倣して設立されたが、ＣＩＡをはるかに超える権力を持っており、業務遂行のために必要な支援をすべての国家機関から受けられる。組織の構成、所在地、定員、予算・決算などは秘密で、予算を他の部署の予算に上乗せして計上する特殊な組織だ。

一九八〇年四月一四日、全斗煥がＫＣＩＡ部長代理に任命された。保安司令官とＫＣＩＡ部長代理を兼任することによって全斗煥は、軍と国家の情報と資金を一手に握ることになった。全斗煥が部長ではなく部長代理となったのは、中央情報部法で、部長は他の公職を兼任することができないと規定されているからだ。

このような全斗煥の遠大な陰謀に韓国の政界は全く気づかなかった。当時、韓国政界は、三金《サムキム》（金大中、金泳三、金鍾泌）と言われる政治指導者を中心に政治活動が展開されており、朴正熙の死によって訪れた「ソウルの春」の主役になるという目先の目標に向かって政争に明け暮れ、自分たちの勢力基盤の拡大にのみ集中していたからだ。

全斗煥の動きに対して、金大中は軍が権力を握るのではないかと危惧していたが、金泳三はこれで民主化が進むという楽観的な見方だった。金鍾泌も全斗煥に対して危機感を持ってはいなかった。これに対し、駐韓米国大使館は、全斗煥をＫＣＩＡ部長代理に任命したことを崔圭夏大統領に抗議した。

こうして一九八〇年五月一七日、全斗煥は全軍主要指揮官会議を開き、戒厳令の全国拡大を決定。崔圭夏大統領に圧力をかけ、五月一八日零時を期して戒厳令拡大を発布して、夜間外出禁止を通常の夜一二時から三時間早めて午後九時からとした。

さらに、金大中を内乱陰謀罪で逮捕し、金鍾泌、李厚洛、朴鐘圭などを権力型不正蓄財の容疑で、文益煥《ムンイクファン》、金東吉《キムドンギル》、高銀《コウン》などは社会混乱および学生労働組合背後操縦の容疑で逮捕、金泳三を自宅監禁した。そして政治活動の停止、言論・出版・放送などの事前検閲、大学の休校令、ストライキの禁止などを発表する。

全斗煥は、五月三一日、国家保衛非常対策委員会（国保委）を設置し、常任委員長に就任した。新軍部はＫＣＩＡ予算から国保委の設立および運営資金として一〇〇億ウォン（約三六億円）、保安司令官室に二〇億ウォン（ＫＣＩＡ年間予算の一五パーセントにあたる）を持ち出して、新政権の受け皿となる民主正義党《ミンジュチョンウィダン》（民正党）創設に使用した。

2　光州市民の民主化運動

民主化運動に立ち上がった学生たち

一九七五年五月一三日に朴正煕大統領によって宣布された大統領緊急措置九号（維新憲法に反対すると一年以上の懲役）が一九七九年一二月八日に解除されたことに伴い、除籍されていた学生たちが復学し、教職を追われていた大学教授たちも復職した。

一九八〇年春、新学期（韓国の大学の新学期は三月開始）が始まると、復学した学生たちは、かつて彼らを学校から追い出した学長（日本の学部長にあたる）や総長の退陣、当局による学内査察制度の廃止、学校を〝兵営化〟する学徒護国団の廃止などを要求し、学内民主化と維新体制に協力した御用教授らの退陣を求める学内デモを行なった。

しかし、デモ隊がキャンパスの外に出ることはなかった。それが「全斗煥退陣」「非常戒厳令解除」「言論の自由の保障」「政府改憲中断」などのスローガンで政治的要求に変わったのは、全斗煥国軍保安司令官がＫＣＩＡ部長代理を兼務したことで、全斗煥の政治への介入および旧体制への逆行の危険を学生たちが感じ取ったからだ。こうして学生たちのターゲットは学内から新軍部政権となり、要求貫徹の名目で警官隊の制止をふりきって市街地に繰り出すようになった。

五月一三日夜、ソウルの高麗《コリョ》大学の学生会館に全国の学生代表が集まり、翌日から全国すべての大学が反政府の市街地デモを行なうことを決め、一四日と一五日に主要都市でデモが行なわれた。ソウル駅前には一〇万人を超える学生が集まった。彼らのデモは投石や火炎瓶による抵抗で、全体としては統制がとれており、過激ではなかった。ところが、一五日の夜、学生代表らは市街地デモの中止を決める。市民の呼応がない状況で軍部と衝突するのは賢明でないという判断だった。

国会では五月二〇日に臨時国会を召集することが与野党間で合意され、戒厳令の早期解除、国会中心の憲法改正などが与野党共同で決議されるはずだった。

ところが、五月一八日、非常戒厳令の全国拡大と、金大中らの政治指導者や民主化運動の指導者たちの逮捕など、新軍部が強硬策に踏み切ったことに学生たちは不信感を抱き始めた。

そんな時に、崔圭夏大統領が新軍部の圧力に抗しきれず、特別談話を発表する。「北韓(北朝鮮)共産集団による武装スパイの継続的浸透が予想される。彼らは学外で騒ぎ、暴力化して社会混乱を起こし、社会不安を扇動した」と述べたことに憤まんが爆発。学生や市民たちは突然の強硬策に衝撃を受け、それに触発された学生たちが学外デモを始めた。

五月一八日、非常戒厳令拡大発布の二時間後、光州の全南《チョンナム》大学と朝鮮《チョソン》大学のキャンパスに空挺特戦団《くうていとくせんだん》第七旅団が進駐、集会を終えて学内に残っていた学生たちを急襲し逮捕した。さらに、夜明けまでに光州の主要官庁と通りには、警察、戦闘警察（武装警察部隊）、軍人、空挺部隊などが配置された（作戦名は「華麗な休暇」）。

五月一八日朝、全南大学正門前に学生たちが集まってきた。図書館に行くとか、学校に置いてきたカバンなどを取りに行くという学生たちだった。正門には完全武装した陸軍部隊の空挺隊員八～九人が立ち、学内には入れないから戻れと命令した。学生の数が次第に増加し、二〇〇～三〇〇人になった時、「休校令を撤回しろ！」「戒厳令を解除しろ！」「全斗煥は退陣せよ」などのスローガンを叫び始める。

これに対し、空挺部隊側が「即時解散しなければ武力で解散させる」と警告したので、学生たちは大声で歌って対抗した。そこへ突然、「突撃！」という声がかかり、同時に空挺隊員が学生たちの中に突っ込んできて、棍棒《こんぼう》を打ち下ろし始めた。学生たちは散り散りになって路地に逃げ込みながら、投石で対抗したが、空挺隊員は殺傷用棍棒で殴打し、血だらけになった学生を引きずって連行した。学生たちは錦南路《クムナムロ》に移動した。

デモ隊は光州の中心街である道庁前広場を目指して行進した。市民に事情を知らせるために、「非常戒厳令を解除せよ！」「金大中氏を釈放しろ！」「全斗煥退陣せよ！」「休校令を撤回しろ！」などのスローガンを叫んだ。

カトリックセンター前に集まった五〇〇人以上の学生たちは座り込み、数千人の市民が集まってきたため、市内の交通は遮断された。そこに、戦闘警察が飛びかかり、催涙弾が炸裂《さくれつ》。逃げる学生たちを警察が追いかけ捕まえる。それを舗道脇で見ていた市民たちが警察の行為に抗議の声を上げる。警察は学生より多かったため、学生はバラバラに路地に散ったが、再び集まり、スローガンを叫び、デモを開始した。多くの学生が捕まる中、逃げ延びた者たちは執拗にデモを続けた。

光州の中心地である錦南路と道庁前噴水台は、その周辺に公共機関や主要施設が集中しており、バスや多くの車両が通過する。したがって、道庁前で起こった出来事は、あっという間に市内全地域に伝達され、デモは全市街地に拡大した。

ヘリコプターがデモ隊に対して銃撃を始めた。ヘリは学生デモ隊の動きを警察に知らせていたので、警察は先回りして待ち構えていた。

全羅南道庁前広場につめかけた光州市民たち。民衆蜂起は最終的に数十万人規模に膨れあがった。
写真　ユニフォトプレス

そして午後一時頃、二〇台以上の軍用トラックが集結し、完全武装した空挺隊員らが投石防御用の鉄帽をかぶり、帯剣と棍棒を持ち、市内各地を回って鎮圧を始めた。

学生デモから民衆蜂起へ

非常戒厳令の拡大に抗議するデモ隊に対して戒厳軍が無慈悲な暴力をふるっているのを見て、市民の抗議はさらに激しくなり、それが市民蜂起へとつながった。

五月一九日午前一〇時頃、錦南路に三、四千人の群衆が集まり、次第にその数は増えていった。商人、周辺住民、家庭の主婦など、数千人規模になった市民に対して軍と警察は、ヘリコプターから拡声器を使用して解散を命じるが、これに従う気配はなかった。逆に市民たちは上空のヘリに向かって拳を突き上げ、罵声を浴びせかける始末だった。

この日、ソウルから光州にやって来た第一一空挺旅団が第七空挺旅団とともに残酷な鎮圧作戦を展開した。警察はデモを解散させるために催涙弾を使用、それに対して、市民たちは投石で応戦する。催涙ガスが立ち込める時は、近くの路地や住宅、商店などに避難し、それが収まると、また群がり始めるという戦い方を繰り返した。市民たちは舗道のブロックをはがして投げたり、ガードレールや公衆電話ボックスなどを壊してバリケードを作り、戦闘を行なった。

デモ隊の学生や青年たちは「我々の願いは統一」「正義の歌」「愛国歌（韓国の国歌）」などを歌い始め、次第に戦闘的になり、近くの工事現場から角材や鉄材、パイプなどを運んできて武装したり、火炎瓶も登場した。これに対して空挺部隊が道庁前と光南路《クアンナムロ》四叉路に進出、デモ隊を包囲し、襲撃を始めると、市民たちは住宅や建物、商店などに隠れる。これを空挺隊員が数人一組で、周辺屋内を一軒一軒捜して引きずり出し、大勢の人が見る前で裸にしたり、頭を押さえつけたりと残酷な仕打ちをした。

軍ヘリが上空を低空飛行しながら市民に警告する。「市民、学生の皆さん、即時解散し、家に戻りなさい。皆さんは不純分子と暴徒にそそのかされているのです。彼らに加担すると、よからぬ結果となります。我々はどんなことになっても責任は持てません」と呼びかけ、ビラをまいた。

それでも、デモ隊は各地域に拡散し、空挺部隊の残忍な行為に対し、血を流しながら抵抗していた。しかし、戒厳軍はさらに増強され、警察も、木浦・麗水《ヨス》地域を除く、全羅南道内八警察署から一八〇〇人以上が増員された。しかし、光州市の全域に拡大したデモを鎮圧することはできなかった。

こんなこともあった。戦闘で負傷した人を病院に連れて行こうとしたタクシー運転手に、空挺隊員が降ろせと命令し、運転手が「今にも死にそうな人だから病院に運ばなくてはならない」と訴えると、空挺隊員は車のガラス窓を壊し、運転手を引きずり出して帯剣で腹を刺して殺してしまったのだ。少なくとも三人の運転手が殺されたという。これが翌日のタクシーデモの契機となる。

五月二〇日午後三時頃、錦南路のデモ群衆は数万人に達した。幼稚園児の手を引いて出てきたおばあさん、若い女性、店員、学生、会社員、家庭の主婦、飲食店の従業員などが集まってきた。

午後五時五〇分頃、五〇〇〇〇人以上もの群衆が道庁に向かって突撃戦を繰り広げた。すると午後七時近くに多数の車両がヘッドライトを照らし、クラクションを鳴らしながら突進してきた。運輸会社の大型トラックや高速バスを先頭に、その後ろには二〇〇台以上のタクシーが集まって来て、錦南路を埋め尽くした。車両行列は激しい怒りの波濤《はとう》のように押し寄せた。デモ群衆はこれによって、さらに勇気づけられ勢いづいた。

この五時間前に、光州駅近くに一〇台以上のタクシーが集まった。「我々が仕事で客を乗せたのが何の罪になるのか。罪のないタクシー運転手をなぜ空挺隊員が殺すのか」「こんなことなら、我々も闘わなければならない」と言っている間に、タクシーはさらに増え、無等《ムドゥン》競技場に市内のタクシー運転手全員を集めることになった。タクシー運転手たちは、目撃した残酷な状況についての情報を交換し、空挺部隊の蛮行を糾弾した。

こうして競技場に集まったタクシーは、二〇〇台を超え、錦南路に向かって前進した。タクシーの車列が錦南路に到着すると、市民たちは歓呼の声を上げ、大喜びし、歓迎した。

タクシーを前面に出し、鉄パイプや火炎瓶などで武装したデモ群衆は、催涙弾などを撃つ警察、軍人らと道庁を挟んで激しい戦闘を繰り広げた。その時、錦南路の群衆は二〇万を超えていた。道路はデモ群衆で埋まり、ＭＢＣ放送局は占拠され、デモ隊が局側に光州市内で進行中の残酷な状況をきちんと報道するように要求した。それが拒否されると、彼らは火炎瓶を投げつけたため、局員が鎮火する事態も起こった。同じ頃、KBS放送局もデモ隊に占拠されていた。

デモ隊の全羅南道庁占拠

夜九時頃、光州市役所も、軍と警察が撤収したためにデモ隊が占拠し、これにより、全羅南道庁と光州駅を除く市内の大部分はデモ隊に占拠された。周辺地域では市民たちがガソリンスタンドからガソリンを持ってきて火炎瓶を作り、派出所に放火した。この夜に破壊または焼けた主要官公庁は、MBC放送局（公営）、光州税務署、全羅南道庁車庫、市内の派出所一六カ所など。空挺旅団が掌握していた全羅南道庁、光州駅、全南大学、朝鮮大学、光州刑務所を除くほとんどの地域が、軍および警察の統制の及ばない地帯となった。

五月二〇日午後、韓国政府は国務会議を開き、光州事件の責任を取って、全閣僚が辞表を提出した。崔圭夏政権の申鉉碻内閣は発足後、五カ月で退陣した。しかし、光州の深刻な状況に関しては、一言も公式の報道はなかった。

デモ隊は市内全域に進出して戒厳軍に抵抗し、空挺部隊は実弾を装塡してデモ隊に向けて撃ち始めた。このため、デモの現場は流血の事態となり、多くの市民が犠牲となった。そこで市民は空挺部隊の銃に対抗するため、武装することを決意し、二一日、光州周辺の警察署を襲撃して武器を確保した。また、市民たちは周辺地域の予備軍武器庫から武器を奪取して市民軍を形成。市民軍と空挺部隊の間で激戦が展開され、市民軍が光州全域の公共施設を掌握した。

すると、二一日夜八時までに戒厳軍は光州市内から撤収し、デモ隊が全羅南道庁を占拠した。こうして、光州の事態が深刻化したため、五月二二日、合同捜査本部は「金大中内乱陰謀事件」に関する中間報告を発表した。

「『一〇・二六事件』を政権獲得のチャンスと見た金大中は、合法的なやり方では政権獲得は無理だと判断し、政府に対する不信感を煽って革命的な雰囲気を引き起こし、政権を手に入れるため、支持者や組織を総動員しようとした。そのために教授や学生に協力をあおぎ、大学からのデモを民衆蜂起にまで発展させようと企てた」

しかし、金大中が背後から暴動を操縦しているという主張は、あまりにも事実とはかけ離れた内容だったので、光州市民をますます刺激するだけで、逆に市民たちは「金大中氏を釈放せよ」「全斗煥は退陣せよ」と要求するようになる。

さらに、光州市民たちは、神父や牧師、弁護士、大学教授、政治家などによる約二〇人の「五・一八収拾対策委員会」を結成した。同委員会は政府に、①事態収拾前に軍を投入しない、②連行者全員を釈放する、③軍の過剰鎮圧を認める、など六項目を要求するも、回答はなかった。それどころか、朴忠勳《パクチュンフン》国務総理代行が「一部の不純分子が官公庁を襲撃して武器を奪い、軍に対して発砲したが、軍は市民に発砲しなかった」という声明を発表した。戒厳軍は奪った武器を返却せよと最終通告するも、市民たちは「光州を守ろう」「最後まで戦おう」「戒厳軍は撤収せよ」と叫んで行進した。

それでも、収拾対策委員会は武器の回収を始め、武力による抵抗を中止するために、市民軍が所持している武器二五〇〇丁以上を自主的に回収した。しかし、戒厳軍は戦列を整え、光州包囲網を構築していた。

戒厳軍、重武装で光州を制圧

五月二二日、ジョン・ウィッカム米韓連合軍司令官が韓国軍当局の要請に応じ、米韓連合軍内の韓国軍部隊の一部を治安維持の目的で光州市に移動することを許可すると発表した。このため、市民軍の中には再武装して戦いに備える動きもあった。

戒厳軍は光州市を包囲した約一万人の兵力に加え、重戦車、対戦車ミサイルなどを増強し、激しい銃撃戦を展開、双方に多数の死傷者が出た。

五月二五日、戒厳軍は光州再侵入の作戦計画を立て、二七日未明に作戦を開始すると決定した。

五月二七日のロイター電は次のような記事を配信した。

「戒厳軍は武装市民、学生に占拠されていた光州市に対し二七日早朝、空と陸から両面作戦を実施し、同市を完全に制圧した。

軍特殊部隊は武装ヘリコプターで、また陸軍正規部隊は陸路、光州市中心部に進撃した。戒厳軍の第一の攻撃目標は武装学生の司令本部となった全羅南道庁。降下部隊を乗せた大型ヘリコプターは攻撃型ヘリコプターの支援を受けて同日明け方、道庁近くに着陸し、降下部隊が一斉にヘリコプターから飛び出した。光州市中心部に通じる検問所で待機していた正規部隊、戦車部隊もこれに呼応して進撃を開始」

五月二七日午前一時、戒厳司令部は作戦開始命令を出した。戒厳軍は市民軍が立てこもる全羅南道庁に進撃。銃撃戦が展開されたが、市民軍は重武装の特殊部隊と戦闘するには力不足で、午前五時には作戦を終了。光州市一円が戒厳軍の制圧下に入った。『朝日新聞』

（一九八〇年五月二七日夕刊）によれば、二七日正午時点で、光州市内では全羅南道庁前に戦車と装甲車が一〇台ずつ配備され、約一〇〇台のトラックに満載された兵士たちが進駐した。戒厳軍は戦闘作戦に入る日、光州と全羅南道一帯の電話線を作戦上の必要からすべて切った。

最後まで現場に残っていた決死隊は中学生三人、高校生二六人、大学生二三人を含む一五七人だった。一時間半の戦闘で一四人が死亡した。

光州ラジオ放送局は臨時ニュースで、戒厳軍が道庁をはじめ市内の主要建物を武装市民、学生の手から奪回したと報じ、警官、公務員は午前七時半までに職場に復帰せよと命じた。

光州事件が発生すると、戒厳司令部は徹底的に報道を統制し、マスコミは光州市民が国家転覆を企図した暴徒であると非難、その背後には北朝鮮のスパイと不純分子がいると報道した。光州事件の真実について語れば、流言飛語流布罪で逮捕された。そのため全羅南道以外の地域では、光州で何が起こったのか知る由もなかった。

二〇二〇年一一月三〇日、光州地裁は全斗煥元大統領に懲役八カ月、執行猶予二年（求刑懲役一年六カ月）を言い渡した。光州事件の時、戒厳軍のヘリコプターが上空から市民に銃撃したという故チョ・ビオ神父（本名曺《チョ》哲《チョル》鉉《ヒョン》）の目撃証言を回顧録で否定し、「破廉恥なうそつき」だと述べて「死者名誉毀損罪」に問われた容疑だ。地裁は、公判で陳述した別の生存者の目撃証言に信用性があるとし、一九八〇年五月二一日と二七日に光州の中心部でヘリから銃撃があったと結論づけた。また当時、国軍保安司令官だった全斗煥被告は銃撃を知る立場にあったと判断した。

金大中の死刑判決

戒厳司令部は一九八〇年五月二二日の発表で、光州事件は金大中の背後からの操縦によって発生したと主張し、七月三一日、金大中、文益煥ら二四人が内乱陰謀罪、国家保安法・反共法などの違反で軍法会議に起訴された。

八月一四日、金大中内乱陰謀事件に対する第一回戒厳普通軍法会議が開かれ、この事件に関係した二四人が初めて一堂に会した。

金大中と文益煥、芮春浩《イェチュノ》、李文永《イムニョン》、高銀は内乱陰謀容疑で陸軍刑務所に、他の人たちは戒厳法違反容疑でソウル西大門拘置所に収監されていた。戒厳司令部は金大中を、内乱陰謀、内乱扇動、戒厳法違反、戒厳法違反教唆、国家保安法違反、反共法違反、外国為替管理法違反の容疑で起訴した。起訴状にはこうある。
「金大中は全南大学復学生、鄭東年《チョンドンニョン》が四月一二日に自身を訪問した際、光州地域の学生デモについて話し合い、引き続き闘争しろと激励しながらボールペンを持たせて帰らせた。五月五日、鄭東年が再び金相賢《キムサンヒョン》と金大中の自宅を訪れた時には、学生デモの資金として五〇〇万ウォン（約一八〇万円）の支援要請に対し、三〇〇万ウォンを渡し、さらに五月八日には二〇〇万ウォンを渡した。また、五月一八日、光州事件のきっかけとなった全南大の市街地デモでは彼らを背後から操り、朝鮮大の学生たちにも全南大の市街地デモと合流して光州事件の導火線になるように教唆した」

金大中は鄭東年に会ったこともないと主張した。鄭東年は後に、拷問でウソの自白をしてしまったことを謝った。

八月一六日、崔圭夏大統領が声明を発表し、「光州事件」などの社会混乱を収拾できなかった責任を取るとして辞任した。そして、全斗煥の大統領就任を支持すると述べた。これを受け、八月二七日、統一主体国民会議は全斗煥を大統領に選出した。

九月一一日、内乱陰謀容疑で収監された二四人に対する検察側の求刑が行なわれた。検事は金大中に対し「韓国民主回復統一促進国民会議（韓民統）を結成し、その主謀者として国家の安全を脅かした」と論告、国家保安法違反、内乱陰謀罪などで死刑を求刑した。しかし、金大中は、韓民統組織に関与したことは認めつつも、韓民統発足前に拉致されており、韓民統の日本本部議長に就任したという起訴事実は虚構だと主張。日本本部議長を引き受ける意思はなかった、米国、カナダ、日本で韓民統を結成し、三カ国を統括する総本部議長を引き受ける考えだったと述べた。

この日は金大中を除いた二三人の最終陳述があり、李海東《イヘドン》牧師がKCIAの地下室で行なわれた拷問の様子を告発した。捜査官に殴られ、ケガをして肉がむき出しになったと語ると、傍聴席の家族らはすすり泣きし、被告人たちは拷問のことを思い出した。李海東牧師は、「拷問にあいウソの陳述をしました。聖職者がウソの陳述書を書き、母印を捺《お》した。変節者です。それによって私は苦しんでいます」と述べた。

同様に他の被告たちも拷問の事実を法廷で明らかにした。

その二日後、軍法会議で金大中の最終弁論が行なわれる。金大中の弁護人は「金大中被告人が学生デモを通して政府転覆を行なおうとするのは不可能であり、五〇〇万ウォンを渡して反政府デモを扇動したという検察側の主張に異議を提起する」と弁論。金大中は最終陳述において、次のように締めくくった。

「私はたぶん死刑判決を受け、間違いなく処刑されるでしょう。それは初めから覚悟しているることです。私はここで、皆さんに遺言を残したいと思います。

私の考えでは、一九八〇年代には民主主義が回復されるでしょう。私はそれを確信しています。そうなった時は、先立った私のためであれ、あるいは他の誰かのためであれ、政治的な報復が二度と行なわれないよう、お願いしたいと思います。

そのことが最後の望みであると同時に、神の名にかけて行なう私の最後の遺言です」

最終陳述が終わったとたん、すすり泣きをしていた傍聴席の家族は一斉に立ち上がった。裁判長が「静かに」と促したが、法廷に「愛国歌」が流れた。憲兵が走ってきて、傍聴人たちの口を押さえつけるも、「愛国歌」を歌い終えると、今度は「ウイ・シャル・オーバーカム」を歌った。傍聴人らは一人ずつ引きずり出されたが、彼らは法廷の外で叫んだ。

「民主主義、万歳《マンセ》」「金大中先生、万歳」

九月一七日、判決公判が開かれた。傍聴席では被告人の家族四〇人と米国、日本の駐韓大使館職員、『ワシントン・ポスト』など外国メディアの記者たちが判決を待っていた。

金大中は強気で言っていたが、本当は死にたくなかった。

「死にたい人間がどこにいよう。私も助かりたかった。なんとか死刑だけは免れたいと切に願った。法廷でも心の中で祈った。裁判長の口の形を食い入るように見つめた。唇が横に開けば『死《サ》』、すなわち死刑で、前に突き出れば『無《ム》』、つまり無期懲役だった。口が出れば助かり、開けば死だった」（『金大中自伝Ⅰ』）

　裁判長の口が開いた。「金大中、死刑《サヒョン》」だった。

　文応植《ムンウンシク》裁判長（陸軍少将）は金大中に内乱罪などを適用して求刑通り死刑を言い渡した。一九七三年の金大中拉致事件の際の韓民統の結成については、日本との関係を配慮して不問とされ、国家保安法違反ではなく、当初起訴状には見当たらなかった内乱罪が適用されて、それが死刑判決の主因となった。

　金大中の死刑判決のニュースは瞬時に世界を駆けめぐり、ローマ法王や世界の政治指導者たちは憂慮の念を表明して、世界各国で救命運動が広がった。米国のマスキー国務長官は「金大中氏に極刑判決が下ったことを深く憂慮する」と声明を発表、西ドイツのゲンシャー外相は欧州共同体（ＥＣ）のすべての加盟国が韓国政府に抗議することを提案した。東ドイツの国営通信、ソ連のモスクワ放送、中国の北京放送が韓国を非難した。

　一一月三日、控訴審の判決公判が陸軍大法廷で開かれた。一審通り、死刑判決だった。一九八一年一月二三日、大法院の上告審が開かれ、原審が確定するも、その日の午後、無期懲役に減刑された。金大中としても意外だった。

戒厳普通軍法会議に付された光州事件の関係者一七五人中五人は死刑、七人は無期懲役を宣告されたが、一九八二年までにすべて釈放された。

ドイツ人記者が見た光州

韓国国内では言論統制によって、光州で行なわれていたことが国民には知らされていなかった。光州の惨状を外部に知らせたのは、ドイツ公共放送連盟（ＡＲＤ）東京特派員、ユルゲン・ヒンツペーター記者だった。

ヒンツペーター記者は東京滞在中、記者仲間から韓国で何か深刻な事態が起こっているという話を聞き、早速、ソウルへ飛んだ。正規ルートでは取材が不可能であることから、宣教師に身分を偽装して金浦《キムポ》国際空港に到着すると、ソウルでタクシーをチャーターして光州に向かった。タクシー運転手・金砂福《キムサボク》は金に困っていたので引き受けたが、光州方面に走る車両は他になかった。光州に近づくと、バリケードがはられ、進入できない。現地住民に抜け道を教えてもらい、厳しい検問を掻《か》い潜《くぐ》り光州へようやく入った。

光州では、デモ現場で大学生、新聞記者、タクシー運転手、一般市民らと交流した。国内のマスコミ関係者も統制されているのに、外国人記者がよく光州まで来てくれたと感心しながら、市民たちは温かく歓迎し、光州の酷《ひど》い状況を世界に伝えて欲しいと言いながら、チュモッパ（おにぎり）を差し入れてくれた。デモ行進する市民たちの行列や空挺部隊が市民らに向かって催涙弾を発射し、棍棒を振り回す姿、それに対抗して投石する市民たち、催涙弾を撃たれ路地に逃げて行く市民たち、デモ隊を襲撃する空挺部隊の動きなど、すべてをカメラに収めた。

金運転手は最初傍観していたが、数日間行動を共にするなかで、信頼関係が構築され、取材活動を手伝うようになった。「愛国歌」を歌っている市民たちの隊列に向かって射撃する空挺部隊を指して「これを撮影して世界に報せることがあなたの仕事ではないか」とはっぱをかけていた。二人はこうした光景を直接見聞した光州事件の重要な目撃者だった。

状況が厳しくなり、取材を手伝っていた韓国人記者が「早く光州を離れた方がよい」とアドバイスし、抜け道を教えてくれた。しかし、抜け道も検問所やバリケードで封鎖され、通れない状況だった。金運転手は撮影したフィルムを菓子箱に入れてトランクの中に隠した。光州から出る時、記者のカメラを没収しようとする軍部隊の追手とカーチェイスをしながら金浦空港に無事到着。金運転手はフィルムを入れた菓子箱を他の菓子箱二個で上下に挟んで包装し、ヒンツペーターに渡した。彼は予約便を当日、空港デスクでキャンセルし、すぐに出発する航空便のファーストクラスのチケットを購入して飛行機に搭乗し、ソウルを離れた。

ユルゲン・ヒンツペーターが光州事件の現場を撮影した取材報告はドイツ本社を通じて、世界に配信された。タクシー運転手など韓国人たちの協力によって、韓国現代史の最大の悲劇と言われる光州事件を世界に伝えるという大きな仕事は成し遂げられた。

この実話をもとに二〇一七年八月に『タクシー運転手　約束は海を越えて』が韓国で映画化され、第九〇回アカデミー賞外国語映画部門で韓国の代表作となったほか、数々の賞を受賞した。韓国での観客数は一二〇〇万人を越え、大ヒット作となった。日本公開は二〇一八年四月だった。

光州民主化運動の歴史的評価

光州事件は韓国現代史における最も悲劇的な事件で、光州民主化運動は軍事独裁反対、戒厳令撤廃、金大中などの政治家や良識的な知識人の釈放を要求する学生や市民たちのデモだった。しかし市民たちのデモ行動に対して、全斗煥政権が軍の特殊部隊を動員し、暴力的に鎮圧した事件として歴史に記録されている。

一九八〇年代中頃、韓国に赴任したジェームズ・リリー駐韓米国大使は、回想録で当時の韓国政治の状況を次のように書いている。

一九八六年の時点で、韓国の若者を苦しめ、年配の者を当惑させていたのは、一九八〇年五月、全斗煥が韓国南部の光州市で反政府デモを残酷に武力鎮圧したいわゆる「光州事件」だった。一九八〇年代中頃の韓国では「光州を忘れるな」が民主化を求めるすべての韓国人の合言葉になっていた。

一九七九年十二月にクーデターを計画したとき、軍人の肩書きしか持っていなかった全斗煥将軍は、光州事件鎮圧の直前に韓国全土に戒厳令を宣言し、学生運動の活動家や野党政治家を一斉に拘束した。さらに国会を閉鎖し、メディアに検閲制度を押しつけた。「隠れた手」で学生運動を操っている北朝鮮の侵入に備えるという口実で、全（編集部註：全斗煥）は全土に事実上の軍政を敷いたのだった。

（『チャイナハンズ』ジェームズ・リリー著、西倉一喜訳、草思社、二〇〇六年）

光州事件は、一九八八年に韓国国会で「五・一八光州民主化運動」として正式に規定され、一九九五年、金泳三政権下で「五・一八特別法」が制定された。この法律に基づき、内乱および内乱目的殺人罪が適用され、全斗煥には無期懲役・追徴金二二〇五億ウォン（約三二二億円）、盧泰愚には懲役一七年・追徴金二六二八億ウォン（約三七二億円）が宣告された。しかし、一九九七年一二月の金大中の大統領当選に際し、金泳三大統領によって、二人とも特別赦免で釈放された。

盧泰愚は一六年かけて追徴金を完納したが、全斗煥は「全財産が二九万ウォン（約三万六〇〇〇円）しかない」と主張して不誠実な態度を貫いたため強制執行となり、一二四九億ウォンほどが徴収されたが、九五六億ウォンほど未納となっている。

二〇二一年の終わり頃、光州事件に関与した二人の元大統領が相次いで亡くなった。二人に対する評価も分かれた。一〇月二六日に亡くなった盧泰愚は、生前、家族を通じてではあったが、光州事件の被害者たちに謝罪の意を表明するなど、反省する姿勢を示していたことが考慮されて国家葬が行なわれた。

それから一カ月も経たない一一月二三日に全斗煥が亡くなったが、光州事件に関しては最後まで謝罪せず、追徴金も未納だったことなどから国民の評判がよくなかったため、元大統領としての礼遇を受けることができず、新軍部政権時代の関係者の一部だけが弔問するようなひっそりとした家族葬だったと報じられた。むしろ世間の関心は追徴金の残額をどのように回収するのかだった。

3　ビルマ訪問とラングーン事件

全斗煥大統領のビルマ訪問

一九八三年一〇月八日、全斗煥大統領をはじめ、徐錫俊《ソソクジュン》副総理兼経済企画院長官と李《イ》範錫《ボンソク》外相、そして李基百《イキベク》合同参謀本部議長など公式随行員二〇余名、鄭周永《チョンジュヨン》全国経済人連合会長を筆頭に経済界の代表二九名、これに非公式随行員と記者団、警護官など、総勢一六五名の大規模な南アジア太平洋地域六カ国訪問団が、最初の訪問国であるビルマ（現ミャンマー）のラングーン国際空港（現ヤンゴン国際空港）に到着した。ビルマをはじめ、インド、スリランカ、オーストラリア、ニュージーランド、ブルネイを、一八日かけて順に訪問する計画だった。

当初の計画では、訪問先にビルマは入っていなかった。非同盟諸国の中で最も重視されたインドを最初の訪問国としていたのだが、最終段階でビルマが追加され、最初の訪問国となった。それを提案したのは青瓦台で、大統領引退後も権力を維持するにはビルマのネウィン将軍のポジションに関して研究する必要があると側近からアドバイスされ、大統領が指示したとのことだった。

ビルマは一九七五年に南北朝鮮の両政府と外交関係を同時に樹立した。首都ラングーン（現ヤンゴン）には韓国と北朝鮮の大使館が設置され、ビルマとしては、南北双方と等距離外交を推進していたが、実際には、社会主義国家の北朝鮮との関係がより親密だった。

当時、南北間では外交戦が展開されていた。韓国と国交を結んでいた国は一一八カ国、北朝鮮は九七カ国。そのうち六三カ国は南北両方と国交を結んでいた。

大統領一行の南アジア太平洋地域歴訪の主管部署である外務部は、土壇場でビルマ訪問が追加されたことに違和感を覚えていた。国家安全企画部の幹部も大統領一行のビルマ訪問は危険だと報告したにもかかわらず無視された。

ラングーン空港に到着し、大統領と直属の職員、警護チームと儀典官、通訳、秘書などは迎賓館に、閣僚と随行員、記者などはインヤーレイクホテルに宿泊した。

北朝鮮テロリストたちの全斗煥暗殺作戦

韓国の外務部が大統領一行の海外歴訪準備に奔走していた頃、北朝鮮では、特殊任務を受けた三人のテロリスト、ジン・モ少佐、カン・ミンチョル大尉、シン・キチョル大尉が、九月九日、秘密裏に黄海道《ファンヘド》甕津《オンジン》港から「東建愛国号《トンコンエグクホ》」に乗船し、ラングーン港に向かった。東建愛国号は在日朝鮮人の実業家文東建《ムントンコン》が北朝鮮に寄贈した船舶で、ピョンヤンの大興《デフン》船舶に所属する貨物船である。外見上は貨物船であるが、寄港先の国の無線電信局を経由せずに自国本部と直接交信できる装備を備えている特殊工作船だ。

ジン・モ（本名はキム・ジンス）、カン・ミンチョル（本名はカン・ヨンチョル）、シン・キチョル（本名はキム・チオ）は、それぞれ偽名である。

三人は船の中で初めて顔を合わせた。彼らは乗船するまで自分たちの任務の詳細について知らされておらず、ブリーフィングを受けて初めて知った。航海中は姿を現さず、ずっと船室内で過ごし、真夜中に甲板に出て潮風に吹かれて軽く身体《からだ》をほぐしたりした。

東建愛国号は九月一五日、ラングーン川の河口に到着、その後港で貨物の荷揚げなどして二四日にラングーン港を離れ、次の目的地に向かった。その間、三人の工作員たちは密かに下船して北朝鮮大使館参事官のチョン・チャンフィ宅にかくまわれ、治外法権区域の大使館員の邸宅で、北朝鮮から外交行嚢で送られてきた爆発物などを受け取り、本国と連絡を取りながら大事件を引き起こす準備をしていた。全斗煥大統領のビルマでの日程に関しては、本国から次々と詳細な情報を受けていた。

テロリストたちは、この仕事の直前に北朝鮮本国から、全斗煥大統領一行が一〇月八日にビルマへ到着し、外国使節としての慣習に従って、九日にアウンサン廟《びょう》を参拝することになっているという情報を受け取っていた。

彼らは事件三日前の一〇月六日、チョン・チャンフィ宅を出て、テロ現場のアウンサン廟やシュエダゴン・パゴダなどを偵察、その晩はアウンサン廟付近の茂みの中で野宿し、八日午前二時にアウンサン廟に潜入して、屋根裏に爆弾を隠した。一つは遠距離作動爆弾であり、他の一つは爆発の衝撃によって炸裂する高性能爆弾、残りの一つは火災を起こし、証拠隠滅を図るための焼夷弾《しょういだん》だった。

アウンサン廟の公式名称は「殉難者廟」で、独立運動家アウンサン将軍の墓所だ。アウンサン将軍は太平洋戦争以後、英国の植民地であったビルマが独立するまでの過渡期に自治政府を担った人物で、ビルマ民主化の指導者アウンサン・スー・チーは娘である。

一〇月九日早朝は小雨が降るラングーンの典型的な天気だった。テロリストたちにとって、運命の時間が近づいた。しかし、爆弾を炸裂させるリモコン装置のスイッチをどこで押すかをめぐり意見の対立があった。リーダーのジン・モは見物人の中に紛れてリモコンを作動させようと主張し、カン・ミンチョルはアウンサン廟が直接見下ろせるシュエダゴン・パゴダの最上階で作動させるべきだと主張した。最終的にジン・モの主張通り、ウィサラ通りの自動車整備工場前で見物人に紛れることに決め、全斗煥大統領の通過を待つことにした。

ところが当日、この工場に立ち入ったところを工場主に見つかり、何の用事で入ってきたのかと訊かれて、言葉が通じず困っていた時、ジンの上着ポケットに万年筆が刺さっていたのを見た工場主がそれを引き抜いて、筆談を促す仕草をした。ジンはびっくりして万年筆を奪い返し、慌てて工場の外に逃げた。実はこの万年筆が起爆装置だったのだ。三人は自動車整備工場をあきらめ、アウンサン廟から約一キロ離れた、大通りにあるウィザヤ映画館前に移動し、全斗煥大統領一行の通過を待った。

アウンサン廟爆破と全斗煥大統領の生還

インヤーレイクホテルに宿泊していた韓国側関係者と記者たちは、午前一〇時にホテルを出発して早めにアウンサン廟に到着し、二列に並んで大統領の到着を待っていた。

全大統領の迎賓館出発は予定より四分ほど遅れた。担当者間のコミュニケーション不足のため、出発時間を誤解したビルマ外相の迎賓館到着が遅れたからだ。このため大統領の出発は一〇時二四分となった。この四分間の違いが全斗煥大統領には幸運だった。

ハプニングがあったことを知りもせず、テロリストたちは映画館付近で群衆に紛れ込み、苛立《いらだ》ちながら全斗煥大統領が通過するのを待っていた。一〇時二四分頃、警察の白バイに先導された車両行列が通過。群衆はこれを大統領が乗っている車と思い、韓国国旗とビルマ国旗を振りながら歓迎したが、全斗煥大統領はその時刻にはまだ迎賓館にいた。

先行の車両行列は一〇時二五分、アウンサン廟に到着し、李啓哲《イケチョル》ビルマ駐在大使が車から降りた。李大使は背が高く頭頂部が禿《は》げていて、遠くから見ればどこか全斗煥大統領に似ていた。そのため大統領が到着したと誤解する人もいた。爆弾が炸裂する三分前だった。

そこに突然、行事の開始を知らせるラッパの音が響き渡る。ラッパ手が李啓哲大使を全斗煥大統領だと思ったのかもしれない。しかし、このハプニングによって全斗煥は助かった。そしてテロリストたちにとっては、このラッパ音が決定的な合図になった。ジン・モはラッパ音の後、少し間をおいてリモコンのスイッチを押した。

その瞬間、アウンサン廟に爆音とともに稲妻のような閃光《せんこう》と猛烈な爆風が起こり、すべての物が爆風に捲《ま》かれて飛び散った。またたく間にアウンサン廟は暗闇に包まれ、建物の破片とともに人の身体から引き裂かれた肉片や骨片などがあちこちに飛び散った。

この爆発によって、徐錫俊副総理をはじめ、李範錫外相、金東輝《キムトンフィ》商工相、徐相喆《ソサンチョル》動力資源相の四人の主要閣僚、咸秉春《ハムビョンチュン》大統領秘書室長などの政府関係者や報道関係者など一七人の命が失われ、ビルマ側も四人の主要閣僚を含む政府関係者の尊い人命を亡くした。両国で四六人の負傷者を出すという大惨事だった。

北朝鮮が狙った全斗煥は幸運にも難を逃れたため、政治的効果は見事にはずれた。

ビルマ政府は、同年一一月四日、このテロ事件を北朝鮮工作員の犯行と断定し、北朝鮮との外交関係を断絶、ビルマ駐在外交官全員の国外退去を通告して、国家承認を取り消した。北朝鮮にとっては、外交的には多大な損失だった。

爆発が起こった一〇時二八分には、大統領を乗せた車両はアウンサン廟まで約一・五キロの地点を走っていたが、先遣隊の警護員から緊急報告を受けると、全斗煥大統領はすぐに車を引き返すように命じ、迎賓館に戻った。迎賓館で関係者を集めて、ビルマ訪問を即時中止し、ソウルに帰る準備を進めるように指示した。また、本国に安全保障上の問題を含めて、非常事態において必要な重要案件に関して指示した。

このラングーン事件の顚末《てんまつ》は、主としてビルマ政府の調査に基づき公式に発表された内容によるものである。しかし、当事者のカン・ミンチョルは事実と異なると証言した。カン・ミンチョルが刑務所服役中に同僚の受刑者たちに話した内容によれば、あの日の作戦の失敗は、攻撃武器の選択を誤った北朝鮮側の失策によるものであるという。

カン・ミンチョルの証言によれば、テロリストたちは李啓哲大使を全斗煥大統領と間違えてリモコンを作動させたのでもなく、ラッパの音を行事開始だと錯覚したのでもなかった。彼らは、全斗煥大統領がまだ到着していなかったことも知っていた。全斗煥大統領の動向を監視していた北朝鮮の工作員から時々刻々情報を受けており、彼らは大統領を乗せた車の迎賓館出発が遅れていることも、大統領の車両行列がどこまで来ているのかも知っていたというのである。

彼らは全斗煥大統領の車列が間もなく現れるだろうと緊張して待っていた。その時、ラッパの音が聞こえてきたが、彼らはこのラッパの音にはそれほど神経を使わず、大統領の車列が来る方向をじっと見つめていた。ところがその瞬間、予期しなかった爆発が起こったので、びっくりして慌てふためいた。全斗煥の爆殺を目前にして、すべてが水泡に帰してしまったのだ。大統領を乗せた車両が慌ててUターンして引き返していくのを目にしながらどうすることもできず、怒りを爆発させることしかできなかった。後に「全斗煥大統領を救ったのは神様」とカン・ミンチョルは嘆息した。彼らは急いで脱出した。

ラングーン事件、北朝鮮のテロと断定

失敗の原因はテロリストたちにも分からなかった。彼らは指示通り実行し、落ち度はなかったはずだ。成功しなかったのは、現場で多くの電波が飛び交っていたことから、その中の一つがリモコンを誤作動させたのではないかという見方だ。

北朝鮮テロ当局の技術的な失敗と推測できる証拠としては、設置した爆弾の一つが不発だったことが挙げられる。テロリストたちが設置した爆弾は、対人地雷（クレイモア）二個と焼夷弾一個だったが、そのうち対人地雷一個と焼夷弾は爆発したが、残りの対人地雷一個は不発で、ビルマ捜査当局に回収された。

全斗煥大統領が迎賓館に戻った直後、ビルマのサンユ大統領が外相を帯同して迎賓館にやってきて、全斗煥大統領に謝罪と遺憾の意を表した。全斗煥大統領は、今回の犯行がそ

の手法から見て北朝鮮工作員の仕業であると言ったが、サンユ大統領はその言葉には反応しなかった。続いて、当時ビルマの実質的な最高権力者であったネウィン議長が迎賓館を訪問し、警備が徹底できなかったことについて謝罪したが、犯人に関しては特に言及せず、犯人を捜し出して事件の全貌を明らかにするとだけ約束した。

全斗煥大統領一行の帰国直後、韓国政府は公式声明を発表し、今回のテロは北朝鮮の犯行であるとした。

爆弾テロ事件が起きた当初は、犯人像や背景などをめぐってさまざまな憶測が出た。「北朝鮮工作説」「国際テロリスト説」「ビルマ反政府ゲリラ説」「全斗煥政権の自作自演説」など。ビルマ政府が特別調査委員会を設置して調査した結果、北朝鮮から派遣された三人のテロリストによる犯行であることが判明した。

事件発生直後、ビルマ政府が全軍と警察に非常警戒令を発令しているなか、三人のテロリストは逃亡を企図した。計画では、快速艇がラングーン川で待っていて、河口で待機している母船の東建愛国号まで連れて行くことになっていた。ところが、東建愛国号は再入港許可が下りず、そのまま行ってしまった。そういう事情を三人は知らされていなかったばかりか、彼らを脱出させる方策も用意されていなかった。要するに彼らは片道切符だけ持たされ、重大なミッション後、自爆させるつもりだった可能性があるわけだ。

そうした事情も知らないテロリストたちは、当初の計画通り、各自快速艇を目指し、ラングーン川に向かった。ジン・モは川を泳いでいたところを住民たちに見つかり、警察官と格闘の末、捕らえられた。格闘中に手榴弾《しゅりゅうだん》を取り出して威嚇しようとして、爆発が起こり、両目や両腕、腹部を負傷してしまった。

カン・ミンチョルとシン・キチョルは、ラングーン川に辿《たど》りついたが、快速艇が見当たらなかったため、川辺でサンパン（小舟）を一隻借り、対岸に渡った。そこから川辺に沿って歩き、夜中に川岸の空き家で一晩仮眠をとった。早朝、漁に行く二人の漁民を見つけ、身振り手振りでラングーン川河口のタウンゴン村まで連れて行ってくれと頼んだところ、漁師たちは交渉に応じた。テロ事件の直後だったため、怪しい人間を見たら通報するように通達が出ていたからである。

漁船がラングーンから約三〇キロのタクーピン村に近づくと、漁師の一人が、お腹《なか》が痛くなったので薬を買いたいと言って船を降り、警察と村の人民委員会に通報。カン・ミンチョルとシン・キチョルは自分たちが疑われていることを考えもせず、タクーピン村に到着すると、約束のお金を漁師に渡して上陸し、村の店に立ち寄り、タバコと中国製菓子を買っている間に、漁師の案内で四人の警察官たちが到着した。

警察官は彼らが背負っているリュックの検査を要求したが、応じないので二人を派出所に連行した。二人はリュックやカバンの検査を拒否し続けて警察官ともみ合いになり、シン・キチョルがカバンの中から銃を取り出し、警察官に向けて発砲したため銃撃戦となり、撃ち合いの末、シン・キチョルは即死した。警察官二人も重傷を負った。その間にカン・ミンチョルは派出所を出て逃走した。

タクーピン村に即時警戒令が発令され、軍隊が派遣された。カン・ミンチョルは川岸にある茂みに隠れていたが、村の少年に見つかり、少年の通報によって、軍人、警察官、住民が取り囲んで、カンに降伏せよと呼びかけた。カンは立ち上がったが、その手には手榴弾を持っていた。軍人たちが生け捕りにしようとして、のしかかろうとした瞬間、彼は左手を上にかざして威嚇した。カンが安全ピンを引き抜こうとしたのと同時に、軍の指揮官が「爆弾だ」と叫んで地面に伏せた。その瞬間、手榴弾が爆発し、カンの悲鳴が響き渡った。カンは重傷を負って地面に倒れた。左腕の手首から先がなくなっていた。カン・ミンチョルは待機していたビルマ軍に引き渡された。

結局、遠い異国の地まで同じ民族の者を殺すためにやってきた三人のテロリストたちは、逃亡中に、一人は警察官と撃ち合いになり死亡、他の二人は重傷を負ってビルマ軍に捕らえられた。

ジン・モとカン・ミンチョルの判決公判が一九八三年一二月九日、ラングーン地裁特別法廷で開かれ、裁判長は、ジン・モとカン・ミンチョルの二被告に対して、「カン・ミンチョルの自白並びにそれを補う証拠から、二人の有罪は明らかである」として死刑の判決を言い渡した。

二人の救命請願に対して、サンユ大統領が国家評議会議長としてジン・モは却下、カン・ミンチョルは刑の執行が保留された。それによってカン・ミンチョルは事実上、終身刑となった。二〇〇八年五月一八日、カン・ミンチョルは二五年間、刑務所生活を送り、肝臓がんでこの世を去った。彼は服役中にキリスト教に入信し、余生を韓国で暮らしたいという希望を抱いていたが、その夢は果たせなかった。カンを受け入れる祖国はなかった。

(『ある北朝鮮テロリストの生と死　証言・ラングーン事件』羅鍾一《ラジョンイル》著、永野慎一郎訳、集英社新書より)

4　全斗煥政権の強権政治と民主化運動

全斗煥政権の強権政治

一九八〇年八月二七日、崔圭夏大統領の辞任に伴う大統領選挙が統一主体国民会議において実施され、全斗煥は出席代議員二五二五人全員からの得票で第一一代大統領に選出された。

第一一代大統領は任期半年の暫定大統領だ。その後、憲法改正が行なわれ、第一二代大統領選挙が一九八一年二月二五日に実施された。金大中、金泳三、金鍾泌など有力政治家は政治活動が禁止され立候補できない状況のなかで、全斗煥はじめ、急造の四つの政党から形式的に四人が立候補し投票が行なわれた。五二七一人の大統領選挙人団が全国七七カ所の投票所で投票した結果、全斗煥が九〇パーセントの四七五五票を獲得して大統領に当選。今度は七年任期の一期限りだが、全斗煥は二度大統領となった。

国土分断による南北対立が続くなかで、全斗煥政権下の韓国は急速な経済成長を成し遂げた。しかし、経済成長のもとで新しい現象が発生した。「貧富格差」と「地域格差」だ。

そのなかで顕在化したのが、政治、経済、社会のさまざまな分野での不公平である。朴正煕政権の長期にわたる非合理的な政策と独裁的な政権運営によって、国民の間には不満が蔓延《まんえん》していたが、これに目をつけたのが全斗煥政権の初期の戦略だった。

全斗煥新軍部政権は政治的・社会的腐敗に責任のある政治家たちの活動を規制することで政治風土を刷新するとして、一九八〇年一一月三日「政治風土刷新のための特別措置法」を制定、八〇〇人を超す旧政治家たちが審査を受けた。対象者は国会議員二一〇人、旧与野党幹部のほぼ全員に相当する二五四人、社会安全法による保安処分対象者および道徳的腐敗者三四七人など。このなかには金大中、金泳三、金鍾泌など有力政治家も含まれていた。規制対象者は一週間以内に異議申し立てし、再審請求が可能だったが、再審の結果、最終的に五六七人が八年間にわたり政治活動を全面的に禁止されることになった。

法の適用期間は一九八八年六月三〇日までだったが、段階的に解禁措置が取られ、実際には四年四カ月で規制措置はすべて解除された。一九八五年三月六日、最後の解禁措置を受けたのは金大中、金泳三、金鍾泌を含む一四人だった。

もう一つ重視すべき改革はマスコミの再編だ。政権を維持するための重要な方策は世論操作であり、そのためには言論機関の掌握が必要となる。そこで「言論機関の構造改善」

の名目で、新聞二八社、放送二九社、通信七社など六四社あった言論機関が、新聞一四社、放送二社、通信一社など一八社に統廃合された。また、一七二誌の定期刊行物が登録を取り消され廃刊となった。この過程で一〇〇〇人以上の記者などが職を奪われた。言論機関の構造改善よりも、政府に好意的な言論機関だけ残し、批判的な言論機関を排除する目的に使われた。

編集局長・政治部長・記者が情報機関に拷問される

この〝粛清〟は、当時韓国最大の言論機関であった『東亜日報《トンアイルボ》』も例外ではなかった。一九八五年八月二四日、中国空軍爆撃機が韓国に不時着する事件が発生した。操縦士が台湾への亡命を希望したためだった。安企部と外務部は操縦士と通信士の身柄の処理に苦心していたが、八月二九日、外務部担当の金忠植《キムチュンシク》記者は、担当課長の様子から、近々発表されるという感触を持ち、まもなく公式発表が行なわれると編集局に電話にて口頭で記事を送った。

これに政治部長と編集局長が追加取材を行ない、確認の上、ソウル市内版一面の中段主要記事として「中国機操縦士、台湾へ」と題して報道した。

「政府は生存者二名に対する身柄処理を二九日発表する。操縦士は国際法上の〝亡命者〟とみなし台湾へ、通信士は〝災難上陸者〟と見て中国に送還する」

ところが、政府が発表していない中国爆撃機の不時着関連報道が問題となり、李採柱《イチェジュ》編集局長、李相河《イサンハ》政治部長、金忠植記者の三人が南山の安企部地下室に連行され、過酷な拷問を受けた。

金忠植によれば、捜査官たちは青色軍服に着がえさせ、無差別に暴力を加えた。身体を足で蹴られ、棍棒で殴られ、全身が傷だらけとなり、身動きできない状態だった。その上に服を脱がせて裸にし、尋問を始めた。

情報提供した外務部の取材源を白状しろと言い、〝反骨野郎〟は殺してやると怒鳴る。そして〝辞表を書け〟と脅された。

金忠植は外務部担当者に迷惑をかけるので、名前を教えるわけにはいかなかった。国際法と慣例に従って二九日に発表するだろうと思い報道したと応酬したが、殴打、尋問、侮辱の言葉が続いた。隣の部屋から編集局長の苦痛の叫び声も聞こえてきた。

李採柱に対する尋問は中国爆撃機関連報道の経緯が焦点ではなかった。捜査官たちは『東亜日報』記事のスクラップ束を持ってきて、一九八五年二月一二日の国会議員選挙以後の政権に非協力的な記事を見せながら、殴り、辞職届を書けと強要していた。特に、一九八五年二月八日、金大中帰国に際し、一面二段という報道指針に従わずに一面中段の事実上の主要記事にした意図は何かと追及された。

夜明けに現れた安企部局長クラスの幹部は「誰にも分からないように殺すこともできる」と脅迫した。「東亜日報編集局長の人身処理は我々が好きな通りできる。閣下（全斗煥）も了承した。あなたを飛行機に乗せ、済州島に行く途中、海に投げることもできる。自動車で山奥に連れて行き、誰にも知られずに埋めることもできる」

当時、政局は熱く燃えていた。二月に実施された総選挙で触発された民主化への熱望は、反政府民主化運動へと盛り上がっていた。

三人に対する不法連行と過酷な行為は、このような時代的状況において起きた。問題の記事は単なる口実だ。政権の言いなりにならない『東亜日報』に対する報復であり、言論機関に対する見せしめだった。三日後に三人は釈放されたが、調査を受けた事実、内容、過酷な行為など一切公表しないという覚書を書かされ、身体中のアザを消すためのアンチプラミン治療を受けた。

九月一日夜、東亜日報編集局に記者八〇余名が集まり、怒りの声が爆発した。この日の緊急記者総会で記者たちは〝我々の立場〟という決議文を採択。決議文は李《イ》洛淵《ナギョン》記者（当時は政治部記者、後に韓国国務総理）が代表執筆者として清書した。

「東亜日報編集局記者一同は最近、言論人たちへの当局による連行・暴行が続いていることに憤りを覚える。特に、八月三〇日から九月一日の間に東亜日報李採柱編集局長、李相河政治部長、金忠植政治部記者が連行され、過酷な行為を受けたことに対して憤怒する……」

総会で記者たちは全斗煥政権に抗議する〝声明文〟を出そうという主張もあったが、とりあえず、不法連行および過酷な行為に関してまず記事にして、抗議の立場を公表し、声明文は推移を見ながら議論することで一致した。だが、結局、この件に関する記事は掲載されなかった。

しかし、この事件は国内外に大きな波紋を引き起こした。東亜日報記者たちは連日臨時総会を開き、その会合には野党や在野団体関係者の激励訪問が絶えなかった。新民党は国会で関連委員会召集を要求し、ロイター通信など外国の通信社が連日報道。国際ジャーナリスト連盟は糾弾声明を発表した。国際新聞編集者協会（ＩＰＩ）は総会で重大問題として報告したが、『東亜日報』を含む韓国メディアは一切報道しなかった。

朴《パク》鍾哲《ジョンチョル》拷問致死事件――民主化運動への導火線

一九八七年五月一八日夜七時、ソウル明洞《ミョンドン》のカトリック教会で「光州民主化運動七周忌追悼ミサ」が行なわれた。全国六二の大学で同時に追悼集会が開かれて数万人が集まり、韓国カトリック教会ソウル大司教区長・金《キム》寿煥《スファン》枢《すう》機卿《ききょう》は追悼ミサでメッセージを送った。

光州の恨《ハン》、それは民族の恨であり、歴史の恨です。民族の胸に刃物を突き刺し、深い傷を負わせて血を流させた、そのとんでもない者たちは自ら民族の前に出て罪を告白し、贖罪《しょくざい》をしなければなりません。おそらく、その道だけが恨を和らげ、私たち同胞をして光州の傷を癒さしめる道ではないかと思います。そしてそれが、彼ら自身を救う道であり、国を救う道です。

金枢機卿が全斗煥政権に直接呼びかけたメッセージである。ミサが終わった後、カトリック正義具現司祭団の金勝勲《キムスンフン》神父は突然、「朴鍾哲君拷問致死事件の内容はでっち上げだった」という声明文を発表した。「事件および犯人をでっち上げた責任は現政権全体にある」として、真相究明とともに関係者の処罰を要求し、次のように締めくくった。

この事件の犯人でっち上げの真実が、朴鍾哲君の拷問殺人の真相とともに曇りなく明らかにされるのかどうか。そのことによって、いったい、わが国において公権力の道徳性が回復されうるのかどうかという結論が出るだろう。また、われわれの社会が真実と良心、そして人間化と民主化の道に歩めるかどうかの重大なカギは、この事件にかかっている。


朴鍾哲拷問致死事件とは、一九八七年一月一四日、ソウル大生の朴鍾哲が民主化運動に参加し、活動中に治安本部に連行されて、手配中だった大学サークルの先輩の居所を追及する警察から〝水拷問〟や〝電気拷問〟を受け、頸椎《けいつい》を浴槽のふちに押さえつけられ窒息死した事件である。警察は当初、ショック死と発表したが、検死医は〝水拷問の疑いがある〟という所見を出した。すると警察は、遺体を慌てて火葬、父親は無念の思いで息子の灰を冷たい臨津江《イムジンガン》にまいた、という悲しい事件だった。

この事件に対し、真相究明を求める世論が沸き起こり、国民は憤りをあらわにした。世論の圧力に押されて警察は水拷問の事実を認め、警察官二人を拘束して事態を収束させようとした（二人の警察官には一億ウォンの通帳を見せ、仮釈放、執行猶予などをほのめかした）。しかし、国民はそれでは納得せず、拷問に対する国民の抗議が民主化闘争へと発展した。

朴鍾哲拷問致死事件の現場と、そこに掛けられている遺影。韓国民主化に大きな影響を及ぼした。

写真　共同通信社／ユニフォトプレス

カトリック正義具現司祭団の声明を通じて、朴鍾哲拷問致死事件が矮小《わいしょう》・隠蔽されたことや、拷問した警察官が実際には五人であったことが暴露されると、国民の怒りはいっそう激しくなった。

事態は雪ダルマ式に拡大し、緊迫した状況が続いた。そこで全斗煥大統領は五月二六日、内閣の全面改造に踏み切る。盧信永《ノシンヨン》国務総理、張世東《チャンセドン》安企部長、鄭鎬溶内相、徐東権《ソドングォン》検事総長などを更迭することで局面の転換を図ろうとした。彼らは全斗煥政権を支える中枢メンバーである。つまり、全斗煥の後継者と称される側近たちをも辞めさせなければならないほど追い込まれていたのだ。

全斗煥としては泣いて馬謖《ばしょく》を斬る思いであったが、これで全斗煥政権の権力構造の弱体化が余儀なくされた。朴鍾哲拷問致死事件は国民の不信感をさらに増幅し、「六月民主化運動」の突破口となった。

事件が簡単に収まらないと判断した、新任の李種南《イジョンナム》検事総長は、「朴鍾哲拷問致死事件」捜査をソウル地検から中央捜査部に移し、捜査態勢を立て直した。そして、担当の中央捜査部第一課長・李鎮江《イジンカン》検事に金という弁護士に会ってみるように指示した。李鎮江検事は金弁護士と連絡を取り、金弁護士と拷問の主犯とされる警察官・趙漢慶《チョハンキョン》の実兄と面談した。金弁護士と趙漢慶の兄は、趙漢慶と面会させて欲しいと要請した。直接会って説得すればすべて話す可能性があるとのことだった。

金弁護士らの要請通り、彼ら二人を趙漢慶が待機している調査室に行かせ、面会させた。中央捜査部長室で韓永錫《ハンヨンソク》部長と李鎮江課長はテレビモニターで調査室の三人の対話場面を見守った。約一時間が過ぎた頃、趙が心理的に動揺しているのを見計らって、韓部長が「李課長、いまが入っていくタイミングだ！」と言って、韓永錫部長と李鎮江課長は調査室に入り、韓部長が真摯に説得を始めた。

「私は中央捜査部長だが、現在あなたたちが犯したことで国がどんなに揺れているか分かりますか。あなたが事実を話せるかどうかによって国家の運命が左右されるので、真実を述べてください。あなたが真実を話してくれれば、私が中央捜査部長職を賭けて、あなたに不利にならないように約束します」

趙はしばらく考えこんだ後、覚悟したように、「はい、すべて事実のまま話します。文章で書きますので、紙とペンをください。そして私が城東《ソンドン》拘置所にいる時、事件の顚末を聖書の余白に書いたものがありますので、それを確認してください」

中央捜査部長の真面目な説得に感銘を受けた趙漢慶から捜査開始の初日に自筆陳述書を受け取り、城東拘置所で聖書を押収し決定的な証拠を確保した。それから、調査と拷問致死事件を矮小・隠蔽した治安本部第五次長・朴処源《パクチョウォン》など三名を拘束した。これで、拷問に関わった警察官は二人ではなく、正式に五人だったことが判明した。

この事実は、『中央日報《ジュンアンイルボ》』記者が李鎮江検事から真相を聞き出し、特ダネとして報道された。『東亜日報』は翌日朝刊の一面トップ記事として報道し、全国に知られるようになった。

このように、矮小・隠蔽の事実が明るみになったことから、警察および政府の道徳性は致命的な打撃を受けることとなった。当時、全斗煥政権は安企部、保安司令部、治安本部など、すべての情報機関を掌握し、超法規的な合同捜査本部を作って、体制に逆らう勢力を根こそぎ検挙しようとしたが、良心的な人々によって阻止されただけでなく、むしろ民主化への流れを進展させる促進剤となった。

朴鍾哲拷問致死事件の処理における検察の役割が、その後の安企部の組織的弱体化を招いたと、李鎮江検事は筆者に話した。それで弾みがついて、民主化運動はさらに盛り上がる。

李韓烈《イハンニョル》死亡事件——民主化運動へ発展

全斗煥政権の失政に勢いづいた野党と在野勢力は、拷問殺人事件の隠蔽を糾弾する集会を六月一〇日にソウルはじめ全国二二都市で開催しようとしていた。

その集会を前に、各大学は事前集会を開いた。延世《ヨンセ》大学では九日、一〇〇〇人以上の学生が野外劇場に集まり、終了後、学外に出ようとしたところ、警察が催涙弾を発射。飛んできた催涙弾の一発が延世大生、李韓烈の後頭部を直撃し、学生たちがセブランス病院の救急室に運んだが、すでに脳死状態だった。

催涙弾が頭にあたって血を流す李韓烈を友人が後ろから抱きかかえる写真が『ニューヨークタイムズ』一面と『中央日報』で報道されると、この写真を見た国民は激怒した。学生らはその姿をハンカチやスカーフに印刷して市民に配ったため、この事件は六月民主化運動のうねりをいっそう高める決定的な契機となった。

李韓烈が催涙弾にあたって脳死状態になったというニュースが伝えられると、延世大学内は騒然とした。普段はデモばかりする「運動圏」（学生運動をするグループ）に反感を持っていた一般学生も自らセブランス病院重症患者室に足を運び、監視役を買って出た。当時、過度な公権力の行使によって死亡した者の遺体を警察が奪取し、強制的に検死して死亡原因を捏造して責任逃れをする事例が数多くあったからだ。

六月一〇日、「国民運動本部」主催

延世大学の学生で、警察の催涙弾が後頭部を直撃して死亡した李韓烈（遺影）とその母親。
写真　共同通信社／ユニフォトプレス

の大規模デモがソウル市庁前広場で開かれた。このデモには学生だけでなく、当時三〇代のホワイトカラー・サラリーマン、いわゆる「ネクタイ部隊」も参加した。多数の市民が参加したのは、朴鍾哲、李韓烈のような人権蹂躙事件が彼らの政治意識を刺激したからだ。

この日政府は、集会を封鎖するためにさまざまな悪知恵をはたらかせた。正午に宣言文発表が予定されていた大韓聖公会《デハンソンゴンフェ》教会を数日前から封鎖し、クラクション・デモ参加を警戒して、「クラクションを鳴らす運転者は道路交通法違反で取り締まる」とニュースで流した。ソウル市内のバスとタクシーにはクラクションを外させ、首都圏の電鉄には市内区間を無停車で通過させた。学校は短縮授業、会社は操業短縮など数々の措置が取られ、警察によって国民運動本部の幹部が多数逮捕されたので、集会は拡散されないと考えた。

ところが、皮肉にもこのような措置が裏目に出てしまう。会社員たちは早く仕事が終わったが、地下鉄は無停車で家に帰れず、サマータイムでまだ明るいことから、自然な流れでデモに参加することになってしまったのだ。「デモに参加しろという国家命令ではないだろうな」という皮肉の言葉も漏れていた。

午後六時、ソウル市内の各地で集会が開かれた。サラリーマンの多くが参加して集会は盛り上がった。国民運動本部の方針にしたがって、午後六時に大韓聖公会教会の鐘の音を合図に一斉に車からクラクションが鳴らされ、市民たちは街頭に出て、都心部になだれ込んだ。暗くなるにつれてデモの群衆はますます増えたため、警察はデモ隊を無差別に逮捕した。一部のデモ隊は明洞カトリック教会に逃げ、立てこもった。

明洞教会での籠城はソウル都心部における民主化の火種となった。その火種は燃え上がり、明洞だけでなく、その周辺にまで飛び火していった。神父や修道女、一般市民、サラリーマン、商人など、各界各層の市民が籠城とデモに参加した。

しかし、警察がいつ摘発に来るか分からない状況だったため、明洞教会の神父が出てきて、ソウル大司教区庁の神父約四〇人の声明文を読み上げた。

道徳性と正統性を失った現政権に対する闘争は正当であり、司祭の良心からデモ隊を最後まで保護する。

そこへ、金寿煥枢機卿も現れ「私が盾になりましょう」という宣言が飛び出した。

彼らが入ってくるならば、修道女たちが出てきて並びます。その前には神父たちが並んでいます。そして、その最前列には私が立っているのを見るでしょう。ゆえに、私を踏みつけ、神父たちを踏みつけ、修道女たちまで踏みつけないと、学生たちには会えません。

枢機卿が頑として拒否している状況で、韓国カトリック教会の象徴である明洞教会に警察を投入することは、世界のカトリック権威への挑戦ともなる。しかも全斗煥政権が力を入れているソウルオリンピックを前に、ヨーロッパや南米のカトリック国家がオリンピックをボイコットする可能性もあることを考えると、明洞教会に公権力を投入することは無理な状況だった。

枢機卿と神父たちが身を挺して警察の強制連行を防いだので、五日間の明洞教会での籠城は平和的に終わり、全国にデモを拡大させるうえで大きな役割を果たした。

催涙弾にあたった李韓烈は国民の切なる願いもむなしく、意識を取り戻すことはなかった。しかし、李韓烈の犠牲によって、デモは全国に拡大してますます激しくなり、デモ隊に対する警察の無慈悲な攻撃も続いたため、催涙弾の被害者が続出した。国民運動本部は「催涙弾犠牲者対策委員会」を作り、六月一八日、「催涙弾追放の日」の行事を開いた。ソウル、釜山、大邱《テグ》、光州など全国主要都市で約一五〇万人がこのデモに参加した。

七月五日、李韓烈は催涙弾を受けて倒れてからほぼ一カ月後、息を引き取った。六月民主化運動を見届けてから逝ったのである。

七月九日、延世大学校庭で会場を埋め尽くした弔問客に見守られながら李韓烈の葬儀が行なわれた。延世大学からソウル市庁に至る道路と沿道は追悼する人々で埋まり、ソウルだけでも一〇〇万人近く、光州で約五〇万人、釜山で約三〇万人が李韓烈を追悼した。遺体は光州民主化運動の犠牲者も眠る光州望月洞《マンウォルドン》墓地に埋葬された。

憲法改正をめぐる与野党の攻防

全斗煥政権発足後、政治活動を禁止された政治家たちが、一九八五年二月に実施された国会議員選挙で当選して政界復帰し、全斗煥政権との対決姿勢を鮮明にした。選挙直前に急遽《きゆうきよ》結成された新韓民主党（新民党）と民主化運動勢力は、間接選挙で選出された全斗煥大統領の道徳性と正統性の欠如、非民主性を批判し、大統領直接選挙制への憲法改正を要求して署名運動を行なった。

全斗煥政権は署名運動の中止と与野党間での改憲に関する交渉を提案し、与野党合意で憲法改正特別委員会が発足した。しかし与党は議院内閣制を主張、野党は大統領直接選挙制を主張して交渉は難航した。与党による議院内閣制への改憲案は、大統領直接選挙制改憲案への牽制であったが、全斗煥の政権延長のための布石とみなされた。大統領就任の時は七年間の任期が終われば無条件に政権から離れると約束したが、全斗煥は退任後も実権を維持するために議院内閣制への改憲を構想したのだ。国会議員選挙の公認権を持つ与党民正党総裁として、後継者の盧泰愚を傀儡《かいらい》の国務総理に据えようという意図だった。そのため、全斗煥軍事独裁政治の延長となる議院内閣制を野党側は受け入れられなかった。

一九八七年一月、朴鍾哲拷問致死事件が発生すると、国民の間で民主化の要求が強くなり、大統領直接選挙制への改憲論議が活発となった。さまざまな動きのなかで、野党新民党総裁李敏雨《イミンウ》が与党と妥協する「民主化先行論」に傾いているのを感じた金泳三と金大中は、大統領直接選挙制を貫くために新民党から分裂し新党を結成することに合意した。新民党議員九〇人のうち、七四人が離党して新党に合流、五月一日、「統一民主党《トンイルミンジュダン》（民主党）」が結成され、金泳三が総裁に選出された。

急変する政治情勢のなかで、政権維持に不安を感じた全斗煥大統領は四月一三日、特別談話を発表。いわゆる「四・一三護憲措置」である。

「任期中の憲法改正は不可能だと判断した。現行憲法に基づいて来年二月二五日、私の任期満了とともに後任者に政権を移譲することを表明する。一九八八年のオリンピックが終わるまで、国論を分裂させる改憲論議は中止することを宣言する」

しかし、全斗煥政権の期待とは裏腹に、この談話はかえって国民の民主化要求に火をつけ、統一民主党には追い風となった。大学教授たちは「四・一三護憲措置」の撤回を求める声明を発表し、神父や牧師らは断食祈禱《きとう》を始めた。文化人たちも抗議声明を出し、学界、宗教界、文化団体などが民主化運動に共鳴した。「四・一三護憲措置」に対する国民の反感は急速に広がり、それまで散発的に展開されていた民主化運動は、野党および民主化運動勢力が結集して、五月二七日、「護憲撤廃民主憲法獲得国民運動本部」が結成された。二一九一人が発起人となり、金大中、金泳三、咸錫憲《ハムソッコン》、文益煥などが顧問団に名を連ねた。

これに対して全斗煥は次期大統領候補として盧泰愚を指名、与党民正党は六月一〇日、党大会を開いて、盧泰愚を次期大統領候補に選出した。

同じ時刻に大韓聖公会教会の大講堂では「護憲撤廃汎《はん》国民大会」が開かれていた。民主化運動の指導者たちは当局の目を盗んで、壁を越えるなどして大韓聖公会教会に潜入し、午後六時に大韓聖公会教会の鐘が鳴り響いた。デモが始まるという合図の鐘の音だった。

六月二六日、全国三七都市で「民主憲法獲得国民平和大行進」が行なわれ、全国で史上最大規模の一八〇万人以上が参加した。デモ隊の威勢に警察が圧倒されることもあり、警察の力では怒濤のような六月民主化運動の波を抑えることは無理であった。

全斗煥政権は安企部、保安司令部、警察や軍部などあらゆる権力を掌握していたにもかかわらず、じわじわと押し寄せてくる民主化の波を退けることはできなかった。全斗煥は軍の投入も検討したが、米国の反対にあって実行には移せなかった。

5　民主化を促進させた全斗煥の強権政治

朴正熙大統領の暗殺後、非常戒厳令が宣布されるなか、国軍保安司令官の全斗煥はKCIA部長代理を兼務するなど、強力な権限を手にした。さらに、軍の私的組織ハナ会の中心メンバーと共謀して、一九七九年一二月一二日、粛軍クーデターを起こし、反対勢力を排除して全権を掌握。崔圭夏大統領に圧力を加え、戒厳令の全国拡大を発布して金大中を内乱陰謀罪で逮捕させ、金泳三を自宅監禁する。そして、自ら大統領になるために、崔圭夏大統領を引きずり下ろし、統一主体国民会議で大統領に選出された。

権威主義者である全斗煥は国民から直接選ばれたのではなく、間接選挙で選ばれたので、国民、特に民主化勢力から道徳性と正統性の欠如、非民主性を絶えず批判された。

全斗煥新軍部政権の登場により強権政治はますます過激となり、それがかえって民主化運動に刺激を与え、国民が運動に関心を示すようになった。穏健な独裁政治であれば、抵抗・反対運動もそれほど盛り上がらない。ところが、当時の警察や安企部などの情報機関の非人道的な行為が過酷であったため、反政府デモが盛んに起こり、デモには無関心の一般市民やサラリーマンも参加し、民主化が必要だと認識して声を上げるようになった。

金大中は朴正煕にとって政敵であったが、新軍部にとっても第一の政敵だった。

全羅道出身の金大中が逮捕されたという噂が流れると、光州市民たちは一九八〇年五月一八日から、「戒厳令撤廃」「金大中釈放」などを要求して民主化運動を展開。すると、新軍部は金大中が大衆を扇動し政府転覆を謀ろうとしていると、「金大中内乱陰謀事件」をでっち上げ、それを口実に空挺部隊を投入し無差別に、しかも暴力的に鎮圧しようとした。光州民主化運動に火をつけたのは、空挺部隊まで動員し暴力的にデモを鎮圧しようとした新軍部の戦略的な誤りである。

光州事件は、新軍部の政治利用から発生し、過剰な武力鎮圧によって拡大され、その結果、多くの犠牲者を出した悲運の事件であり、その延長線で発生したのが、ラングーン事件だった。北朝鮮指導部からすれば、全斗煥は光州事件を起こして大量の人民を殺害したので、その全斗煥を始末すれば韓国の人民は喜ぶだろうという誤った発想から起きた事件だった。

こうした「負の遺産」を多く残した全斗煥政権は、国民が期待した「ソウルの春」という民主化を後退させ、歴史の流れを止めた時期として位置づけられて評価されず、最後まで国民の支持を得られなかった。

皮肉ではあるが、その強権政治によって民主化が実現されたと言うこともできる。このように多数の人の犠牲によって、民主化が達成されたことを忘れてはならない。

第3章　軍政延長の盧泰愚政権

——民政への移行期

1　軍政維持と民主化推進の狭間《はざま》

「六・二九民主化宣言」と大統領直接選挙制

全斗煥は大統領直接選挙制を受け入れることを決断した。金大中と金泳三を分裂させ票を分散させれば、直接選挙制になっても勝てるという結論に達したからだ。保安司令部が綿密に検討した結果の判断で、盧泰愚もこれを受け入れた。

民主正義党（民正党）の大統領候補・盧泰愚は、一九八七年六月二九日に記者会見し、「六・二九民主化宣言」を発表した。主な内容は、①大統領直接選挙制への改憲、②大統領選挙法の改定、③金大中などの赦免・復権と政治犯の釈放、④国民基本権の伸長、⑤言論の自由拡張、⑥地方自治制実施、⑦政党活動の保障、⑧社会浄化の推進、などである。

民正党は議員総会を開き、党の公式な立場としてこれを追認、全斗煥大統領も「六・二九民主化宣言」を受け入れる特別談話を発表した。結局「四・一三護憲措置」は撤回された。このシナリオは青瓦台で立案され、盧泰愚に発表させたと伝えられたため、世間では

最後の軍出身大統領になった盧泰愚。全斗煥の影響力を断ち切り、民主化への橋渡しをした。
写真　ユニフォトプレス

「監督・全斗煥、主演・盧泰愚」と言われた。まさに全斗煥政権の綿密なシナリオ通りに事が運んだ。

最終的に与野党間の合意によって、憲法改正案がまとまった。大統領の任期は五年で再選禁止とし、大統領の非常措置権と国会解散権はなくした。さらに労働者の団結権と団体交渉権が認められた改正案が一〇月二七日、国民投票に諮《はか》られ、新憲法が確定した。

野党側は当初、正・副大統領制の導入と任期四年の重任方式を主張したが、与党民正党は猛反対だった。野党の二枚看板である金大中と金泳三が大統領と副大統領にペアを組んで立候補することを憂慮したのだ。与党側の思惑は、大統領直接選挙制にして選挙に臨めば二人は分裂して野党票を分け合うことになり、漁夫の利を得られるという計算だった。したがって、これは絶対譲れなかった。結局、野党側が譲歩するしかなかった。

大韓航空機爆破事件

一九八七年一一月二九日、バグダッド発ソウル行きの大韓航空八五八便が爆破され、乗客九五人、乗員二〇人の一一五人全員が死亡する事件が起こった。この大韓航空機爆破事件は翌年のソウルオリンピックを阻止する目的で、北朝鮮工作員たちが起こしたものとして知られている。実行犯二人がバーレーン空港内の待合室で、現地の警察官によって調査を受けている最中に毒薬を飲み、一人は即死、もう一人は死にきれず生き残った。

北朝鮮工作員の金勝一《キムスンイル》と金賢姫《キムヒョンヒ》は、「敬愛なる指導者・金日成同志」の直筆承認を受けた任務を実行するために、朝鮮労働党対外情報調査部の指導員から、ウィーンで蜂谷《はちや》真一と蜂谷真由美名義の偽造旅券を受け取り、ベオグラードのホテルでラジオ爆弾と酒ビンに入った液体爆薬を渡された。酒ビンの液体爆薬はラジオ爆弾が破裂すると同時に爆発して威力を高めるものだった。

一一月二八日午後二時三〇分頃、二人は親子を装って、ベオグラード空港からバグダッド行きのイラク航空機に乗った。爆破用ラジオと酒ビンはバッグに入れて、蜂谷真由美（金賢姫）が持って入った。搭乗の時に乗務員によって電池四個は別にされてしまったが、バグダッド到着後、返してもらった。

大韓航空機爆破事件の実行犯。金賢姫（左）と金勝一。金勝一は犯行発覚直後に自殺。

写真　共同通信社／ユニフォトプレス

ところが、バグダッド空港の保安検査の際、女性検査員に身体を調べられ、携帯品の中から電池四個を見つけられてしまう。検査員は「電池は機内に持ち込めない」と四個の電池をゴミ箱に投げ捨てた。電池がないとラジオ爆弾を爆発させられない。真由美は大慌てで、ゴミ箱から電池四個を拾い、蜂谷真一（金勝一）にすばやく渡した。真一は女性検査員の前で、ラジオに電池を入れてスイッチを入れ、音を出して大声で抗議した。

「これはただのラジオだ。携帯品検査がしつこすぎる」

女性検査員はこの剣幕に押され、蜂谷真一が電池を持って搭乗することを許してしまった。この特例を許したことが大事件を引き起こす結果となった。

蜂谷真一は出国待合室の椅子に座って、出発二〇分前の午後一一時五分頃、九時間後に爆発するよう時限装置をセットし、二人はソウル行きの大韓航空八五八便に搭乗した。蜂谷真一はバッグを頭上の棚に上げ、同機は午後一一時二七分にバグダッド空港を出発、翌日午前二時四四分に経由地のアブダビ空港に到着した。そして二人はバッグを置いたまま飛行機を降りた。バッグの中には爆破用のトランジスタラジオと液体爆薬が入った酒ビンが入っていた。

大韓航空八五八便から降りた二人は、午前九時発ローマ行きのイタリア航空機に乗り換えるため、通過旅客用待合室の方へ歩いて行く。ところが、出口で空港案内員から航空券と旅券の提示を求められ、蜂谷真一はここで躊躇《ちゅうちょ》した。

脱出用として用意したアブダビ↓アンマン↓ローマ行きのチケットを見せると、アブダビが出発地なので、いったんアブダビ空港の外へ出てから、再び出国手続きをして飛行機に乗らなければならない。通過旅客用待合室へ入るのに、アブダビへ来るまでのルートが明示されていないアブダビ↓アンマン↓ローマ行きの航空券を提示すれば疑われるはずだと思ったのだ。そこで乗ってきた航空券（ウィーン→ベオグラード→バグダッド→アブダビ→バーレーン行き）と旅券を提示した。

空港職員は旅券と航空券を受け取って、バーレーン行きの手続きをした。二人は通過旅客用待合室で待機後、二九日午前九時発のバーレーン行きに乗り込んだ。これは、予想外の出来事だった。二人が予定通り、ローマ行きの飛行機に乗ってすばやく逃げていれば、大韓航空八五八便爆破事件は永遠に迷宮入りになったかも知れない。

大韓航空八五八便がミャンマー上空で失踪したという緊急ニュースが流れると、韓国情報機関の安企部が動き出した。アブダビ空港で降りた一五人の外国人搭乗者名簿をチェックし、〝蜂谷真一〟と〝蜂谷真由美〟の二人の日本人に注目。日本政府に依頼し調査した結果、蜂谷真由美の旅券が偽造であることが判明した。日本政府発行の旅券は独自の裏番号があって、すぐ照合できる仕組みになっているのだ。

二人は一二月一日、バーレーン空港でローマ行きの飛行機に乗るために出国手続きをしている時に、バーレーンの警察官によって身柄を拘束された。待合室で待機中、真一は「私は十分に生きたが、まだ若い真由美さんには本当にすまない」と、ささやいた。真由美はこれを自決の指示と受け取って、行動に移ろうとしたその矢先、警察官が「カバンをよこせ」と言ったため、真由美はカバンから毒薬アンプルの入ったタバコを一本抜き取り、アンプルを噛《か》もうとした。その瞬間、警察官が飛びかかったので、完全に噛み砕けず、ガラスのアンプルの端の部分だけが壊れた。青酸は気化して真由美の口の中へ入り、気を失って倒れた。一方、蜂谷真一はアンプルをガリガリと噛み砕いてタバコとともに飲み込んだため、彼はその場で即死した。

大韓航空機爆破事件の大統領選挙への影響

この時、韓国は大統領選挙の最中で、四人の与野党有力候補が、軍政の延長か民政への移行かをめぐって激しい選挙戦を繰り広げていた。事件の風向きによっては、国民の投票意識がどちらに傾くか、政権維持か政権交代かの重大な局面であった。

そこに、大韓航空機爆破事件は、軍事政権が大統領選挙（一二月一六日投票）を前に、局面を与党候補に有利に働かせるために作り上げた〝自作劇〟だという疑惑が持ち上がった。また、政府側も安企部の陣頭指揮のもと、実務対策本部を設置して広報活動を展開。安企部は実行犯二人が毒薬を飲んだという知らせを受けると、北朝鮮の工作員であると断定し、事件を与党候補に有利に活用するためにあらゆる工作を推進した。

安企部の捜査担当課長が関連資料を持参して、一二月二日、急ぎバーレーンに飛んだ。証拠や疑問点などをバーレーン当局に提示して説明し、実行犯二人は北朝鮮工作員であると断言、事故機の登録国であり、被害者が最も多い韓国側に犯人を引き渡すように説得した。日本政府も韓国への引き渡しを了承していた。

引き渡しが切実な理由が韓国政府にはあった。全斗煥政権が大韓航空機爆破事件を有利に活用するには、国民が納得できる確かな証拠が必要だったのだ。しかし、安企部は急ぐあまり内容確認もせず、不確実な情報を選挙用に発表することもしばしばあって、各種の疑惑を誘発したため、大統領選挙は混沌《こんとん》としていた。

そもそも国民に信頼のない軍事政権ゆえに〝自作劇〟が信じられる側面があった。北朝鮮自身も、安企部要員が機内に爆発物を設置して途中の帰着地に降りたとか、金賢姫をバーレーンから連れてくるために韓国政府がバーレーン政府に数千万ドルを提供したと主張し、これを韓国内の支援勢力が軍事政権ならあり得る話だと噂を広めたりもした。

金大中政権、盧武鉉政権下で、「大韓航空機爆破事件は軍事政権の捏造によるもの」という疑惑が再び頭をもたげたため、二〇〇五年二月から「国家情報院過去事件真実糾明発展委員会（真実委）」が大韓航空機爆破事件に関して、真相究明のために当時の安企部など関連部署が保存している資料などを分析し、関係者とのヒアリング等を通じて調査した結果、真相が明らかになった。

真実委の調査によれば、金賢姫を大統領選挙投票日前日の一二月一五日までに移送するよう働きかけた文書が、安企部の資料に多数存在していたのだ。

一九八七年一二月一四日付「大韓航空機事故状況報告(12)」は、「金賢姫の身柄が遅くても一二月一五日(火)午後六時(韓国時間)までソウルに到着しなければならないという方針の下でバーレーン側と多角的な引き渡しについて交渉中」と報告している。

朴鉄吉《パクスキル》外務次官補のバーレーン到着後の最初の報告電文では、「現地派遣捜査チームは第一案(一二月一〇日二三~二四時当地出発)、第二案(一二月一一日二三~二四時当地出発)、第三案(一二月一二日までに到着可能な時間出発)などをバーレーン側に非公式に提示し、両国実務者間で検討したい」と報告している。

実際、蜂谷真由美の移送は一二月一五日に行なわれた。蜂谷真由美とともに蜂谷真一の遺体、所持品などを乗せた大韓航空特別機がバーレーン空港を離陸、午後三時頃、金浦国際空港に到着した。飛行機から降りる彼女の口には自殺防止用の道具がはめられ、その映像は世界中の人々の目に焼き付けられた。韓国内のテレビやラジオは、この日早朝からトップニュースで〝蜂谷真由美、今日到着〟を繰り返し放送し、到着してからは真由美の印象的な映像を繰り返し流した。外務部担当のアナウンサーがテレビ中継でこのことを伝えると、国民は画面に釘付《くぎづ》けになり、関心は大統領選挙よりも大韓航空機爆破事件に集まっていった。

真実委は、与党側が政府各部署の合同で構成された「大韓航空機失踪事故実務対策本部」を通じて大統領選挙で盧泰愚候補の当選を支援するため、この事件を政治的に活用したことを確認している。

この事件発生後、相当数の票が与党候補に流れたことは推測できる。しかし盧泰愚当選の決定打であったかどうかは定かではない。大統領選で野党候補が敗北した主因は、むしろ候補者

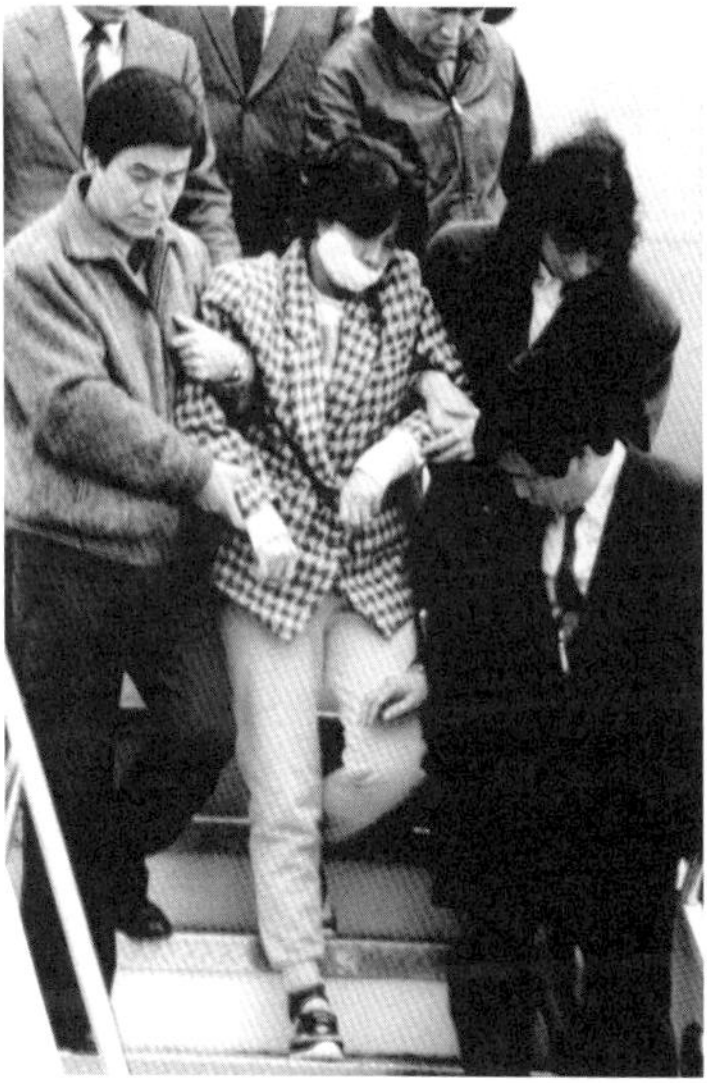

自殺防止用の道具をはめられ飛行機から降りる金賢姫。

写真　共同通信社／ユニフォトプレス

の分裂によって野党票が割れたことであろう。

金賢姫は、当初は捜査官の尋問に嘘をついていたが、一二月二三日から心境の変化が生じ、自白を始めた。ソウルに移送されてから八日目である。

金賢姫は一九九〇年三月二七日、大法院で死刑宣告を受け、四月一二日、大統領裁可で赦免された。一九九七年一二月、鄭炳久《チョンビョンク》元情報部捜査官と結婚し、二〇〇〇年秋に長男、二年後には長女が生まれた。

真実委の調査により、金勝一と金賢姫が北朝鮮の工作員であったことが確認され、同時に、韓国政府が事件を大統領選挙で有利に利用しようとして投票日前に金賢姫を移送するための外交的努力を尽くした点と、安企部が中心になって政府主導の「北傀《ほっかい》（北朝鮮）蛮行糾弾決起大会」を投票日直前の一二月一〇～一三日に全国各地で開催させたことなどを指摘、政府ぐるみの官営選挙運動であったことが明らかになった。

一九八七年一二月一六日、第一三代大統領選挙が実施された。全斗煥の分析通り、野党は候補を一本化できず、別々に選挙を戦った。与党民正党候補・盧泰愚に対し、野党は統一民主党（民主党）・金泳三、平和《ピョンファ》民主党（平民党）・金大中、新民主共和党《シンミンジュコンファダン》（共和党）・金鍾泌が立候補した。

選挙結果は、盧泰愚・約八二八万票、金泳三・約六三四万票、金大中・約六一一万票、金鍾泌・約一八二万票。野党三候補に票が分散、都合よく大韓航空機爆破事件が発生し、盧泰愚は漁夫の利で当選した。

誰よりも盧泰愚の当選に安堵《あんど》したのは全斗煥だった。少なくとも五年間は影響力を行使できると判断したのである。盧泰愚の大統領就任直後は、国家元老諮問会議議長として人事を掌握し、影響力を行使していた。

全斗煥よ、百潭寺《ペクタムサ》に行って隠遁《いんとん》せよ！

これに対し、盧泰愚は慎重に行動を始めた。全斗煥の影響力から抜け出すための手段として、国家元老諮問会議の規模と権限を縮小し、総選挙直前に全斗煥の弟である全敬煥《チョンギョンファン》を不正嫌疑で拘束した。全敬煥はセマウル（新しい村づくり）運動本部会長を務めながら不正を行なって蓄財し、ひそかに海外に逃避していたが、召喚され検察の取り調べを受けて拘束された。盧泰愚は全斗煥政権時代の勢力との決別を決断した。そして全斗煥をすべての公職から引退させ、全斗煥が行なった軍の人事を自らのグループに交代させた。

最重要課題は党の人事刷新だった。盧泰愚は民正党総裁として、一九八八年四月に実施される国会議員選挙の候補者選定にあたって、全斗煥の側近たちをすべて排除した。代わって新しく登用したのが、盧泰愚の最側近で姻戚関係にある朴哲彦《パクチョロン》だ。朴哲彦を中心に新顔の候補者を大挙、党公認候補として擁立し、全斗煥の痕跡を消そうとした。それにもかかわらず盧泰愚政権への国民の支持率は上がらなかった。

国会議員選挙で、盧泰愚率いる民正党は敗北した。選挙結果は、民正党一二五議席。総議席数二九九の過半数にならず、少数与党として政権を運営せざるを得なかった。そこで、盧泰愚は野党優勢の政局を逆に利用して、全斗煥政権の清算に努めた。真っ先に狙われたのは全斗煥一家だ。弟の全敬煥の拘束に続き、実兄の全基煥《ギファン》と、いとこの全禹煥《ウファン》、妻の弟の李昌錫《イチャンソク》が不正疑惑で拘束された。

しかし、世論はこれでもまだ不十分だった。国民は光州事件の責任者の処罰と、朴正熙大統領暗殺後の新軍部クーデターの真相究明、崔圭夏大統領を引きずり下ろした真相究明を要求した。この時、国会に「光州民主化運動真相調査特別委員会」と、全斗煥政権における「政治権力型不正調査特別委員会」が設置され、国会で聴聞会が開かれた。

野党優勢の政局を主導したのは、野党第一党である平民党党首の金大中だ。金大中は世論と野党共闘体制を背景に、光州事件の責任者の処罰、全斗煥の聴聞会出席、光州事件に加担した鄭鎬溶の国会議員辞職を強く要求した。結局、鄭鎬溶は国会議員を辞職、全斗煥は聴聞会の証言台に立たされることになる。

聴聞会の証言台に立たされた証人たちは「知らない」「記憶にない」を連発し、ほとんどの件にシラを切っていた。これを見た国民は激怒し、盧泰愚は全斗煥に「山にこもってはどうか」と提案する。全斗煥はこれに抵抗するも、もはや山にこもるしかなかった。彼は私財と政治資金として受け取った金から合わせて一三九億ウォン（約二五億円）を国庫に返納すると言って、国民への謝罪文を発表し、江原道《カンウォンド》雪嶽山《ソラクサン》にある百潭寺に行き、そこで李順子《イスンジャ》夫人とともに二年間、隠遁生活を送った。

さらに盧泰愚は野党優勢のねじれ国会を解消するために、大連合を構想する。一九九〇年一月、民正党総裁・盧泰愚、民主党総裁・金泳三、共和党総裁・金鍾泌が、三党統合に合意する。在野政治家だった金泳三が保守連合に加わるというので国民は驚いたが、金泳三は、「熟慮の末の救国の決断」「虎穴に入らずんば虎子を得ず」という言葉で正当化しようとした。金泳三は長年の政治経験から、統合によって主導権を握り、大統領候補になれると判断していたのだ。

三党統合の民主自由党《ミンジュザユウダン》（民自党）は、二一六議席という全議席の三分の二以上を占める超巨大与党となった。当初は議院内閣制をめざし、盧泰愚、金泳三、金鍾泌の三人は議院内閣制に合意する覚書を交換したのだが、金泳三は内心では議院内閣制を望んでおらず、目標は民自党の大統領候補になることだった。そのために党内で激しい権力闘争が行なわれた。

特に、盧泰愚の最側近として存在感を現していた朴哲彦と金泳三の主導権争いが激しくなり、盧泰愚は、三党統合を破棄して野党に戻り金大中と手を結ぶと脅す金泳三をなだめるために朴哲彦を排除し、党の実権を金泳三に渡した。合意した覚書はうやむやになった。

2　ソウルオリンピックの開催成功

経済界主導の招致活動

ソウルオリンピック招致は、韓国の経済発展と潜在力を世界に誇示し、ソ連、中国など社会主義諸国や非同盟諸国との外交関係樹立のうえで絶好の機会となった。しかし、当時の韓国はどう頑張ってもオリンピックの開催は不可能と関係者は内心思っており、すでに名乗り出ている名古屋市の競争相手にもなれないという見方が圧倒的だった。それを逆転させたのが、現代《ヒョンデ》グループ創業者・鄭周永の奇抜な作戦だ。

　一九八一年五月、現代グループ会長の鄭周永のところに文教部体育局長が「オリンピック招致民間推進委員長辞令状」を持ってやってきた。事前にそのような話は一切なかった。話を聞いてみると、名古屋市と争って勝てるわけがないのに、大統領からの指示を受け、オリンピック招致関係閣僚会議で官僚たちの知恵として浮かんだのが民間への丸投げだった。政府が恥をかかないような方法として、本来ならば招致都市のソウル市長が引き受けるべき招致推進委員長を民間経済人にやってもらい責任逃れしようという画策だった。

ソウルオリンピック招致に活躍した現代グループ創業者の鄭周永。
写真　共同通信社／ユニフォトプレス

　提案したという李奎浩《イキュホ》文相は、「無から有を創造し、強靭な精神力と機知によって現代を世界的な企業に成長させた底力と、海外において数々の神話を残し、韓国企業の位相を高めた能力を高く評価した」と称賛の言葉を並べ、鄭周永にオリンピック招致民間推進委員長を依頼した。当時、鄭周永は全国経済人連合会長職にあったので、民間経済人団体の長の役割として引き受けた。

チャレンジ精神が旺盛な鄭周永は、これはやりがいのある仕事だとひそかに考えながら、作戦を練った。オリンピック招致に対する政府の意思や経過、そして否定的な雰囲気などもおおよそ分かってはいたが、一度関係者の意見を聞いてみようと会議を開いた。

ソウルオリンピック招致民間推進委員会は、委員長のもとに全閣僚が委員に名を連ねていた。しかし、会議に出席した閣僚は文相だけで、ＩＯＣ（国際オリンピック委員会）委員も欠席、ソウル市は局長一人の出席だった。これではやる気があるのかと、鄭委員長は憤慨する。

九月二〇日から始まる西ドイツ・バーデンバーデンでのオリンピック招致活動期間に開設される展示場で使用する広報映画、広報冊子の準備を急がねばならない。そのための予算は約一億八〇〇〇万ウォン（約五七〇〇万円）が必要だ。当然用意すべきソウル市は予算がないと言い、国務総理に追加予算を要請しても、当時の南悳祐《ナムトクウ》総理はオリンピックを開催すると国家財政が破綻すると反対しているので無理だという話だった。

鄭周永は政府の意思と、推進委員会委員であるのに会議にも出席しない閣僚たちが果たして協力するのかを文相に確認した。文相は大統領の指示だし、特に兪《ユ》学《ハク》聖《ソン》安企部長は積極的に支援すると約束した。

八〇〇〇億ウォン（約二五五三億円）の経費を必要とすると言われたオリンピック開催は、当時の韓国の財政事情では負担できる金額ではない。しかし、鄭周永は違う意見を持っていた。やり方次第では可能だと考え、与えられたチャンスを活《い》かして、やってみようということになった。

たとえば、競技場や宿泊所などは民間施設を動員して解決する。また、大学や各都市の公設競技場を規格に合わせて改修して活用する。選手村は民間資本でマンションを建築して前もって販売し、オリンピック期間中は選手に使用してもらう。プレスセンターやマスコミ関係者の宿泊所などは、大企業がビルを新築して、オリンピック関係で先に使用し、後で企業が使用するなどの発想が浮かんだ。

さらに世界のマーケットで韓国企業が取引している各国企業を通じて、その国のＩＯＣ委員との接触を図る。まず安企部長の支援を取りつけた。可能性のない無駄なことに時間と金を費やすだけと消極的だった企業の動員は、安企部長が責任を持ってやると確約した。海外に出ている企業が企業活動の一環として誠心誠意行動すれば、オリンピック招致に必要な八二人のＩＯＣ委員の過半数の票の確保は可能だと鄭周永は確信した。

政府予算が時間的に間に合わないのなら、翌年の予算で弁済するという条件で、とりあえず鄭周永が一億八〇〇〇万ウォンを立て替えて映画製作などの準備を進めた。

鄭周永は、現代のフランクフルト支店に連絡し、すべての職員は家族とともにＩＯＣ総会が開催されるバーデンバーデンに移動するよう指示。現地事務所や賃貸住宅を手配し、関連国へのロビー活動や各種支援に対する万端の準備を命じた。オリンピック招致は不可能と躊躇する一部の企業も安企部の指示でバーデンバーデンに集まることになった。当時は安企部の威力は大変なものだった。

ＩＯＣ全委員に花籠を贈る奇策

韓国代表団はバーデンバーデンに事務所を構え、本格的な活動を始めた。徹底した事前情報の入手、個別ロビー活動の展開、経費支援体制の構築、緻密な事後管理および毎日の点検・確認など、企業の取引戦略と同様な得票戦略を立てた。民間企業は政府からの要請を受けて必要な人員が駆り出され、ビジネスをしばらく中止してオリンピック招致活動に努めた。

バーデンバーデンでは冬季、夏季オリンピック招致活動のための展示場が九月二〇日から開幕した。名古屋市は開幕二日前に名古屋市長など代表団が集合し、日本のＩＯＣ委員を通じて活発な招致活動を展開していた。

他方ソウル側は、民間招致代表団は全員九月二〇日までに集合したにもかかわらず、招致活動を積極的に推進すべきＩＯＣ委員とオリンピック主催都市のソウル市長は現場に現れなかった。代表団はＩＯＣ委員がいないと本格的な活動ができないので気をもんだ。

世界各国のＩＯＣ委員が滞在しているブレナーズパークホテルへの出入りはＩＯＣ委員のみ許可されている。ＩＯＣ委員がホテルに宿泊しないと、他のＩＯＣ委員たちと接触する方法がない。そのためにＩＯＣ委員の存在は必須だった。ＩＯＣ委員がチェックインすれば、その委員に会う口実でホテルに入り、他の委員たちにも接触することができる。なのに、韓国のＩＯＣ委員は二二日、ソウル市長は二四日にようやく到着した。

鄭周永のアイデアで、韓国側は各ＩＯＣ委員の部屋に花籠を届けた。バーデンバーデン近郊の花畑を買い占め、動員された現代社員の夫人たちが花を一つずつ丁寧に選び、きれいに整えて籠に詰めた。

花に対する反応がすこぶるよかった。その翌日、ＩＯＣ委員たちが会議終了後、ロビーに集まり、韓国の代表団を見るや、うれしそうに「美しい花を贈ってくださりありがとうございます」とあいさつしてきたのだ。「ワンダフル・フラワー！」と、とても喜んだのである。ＩＯＣ委員たちは夫婦同伴で出席していることから、女性が喜びそうな贈物として花を選んだのが大当たりだった。

サマランチ会長「ソウル・コリア！」宣言

総会の二、三日前までの下馬評では、「名古屋有利」だった。総会前日に実施された各国記者団の模擬投票結果も名古屋優勢と発表された。

九月三〇日午前九時からコングレスハウスでＩＯＣ総会が開かれた。ソウル代表団は、曺相鎬《チョサンホ》大韓オリンピック委員会委員長はじめ一〇人ほどがロビーに並んで、つぎつぎと到着するＩＯＣ委員に固い握手を求め、精力的に支持を訴えた。午後、投票が始まる前にもソウル代表団は、投票場のあるクアハウスのロビーに集まって「最後のお願い」をした。

午後四時、ＩＯＣ委員による投票結果が発表された。サマランチＩＯＣ会長が「ソウル・コリア！」を宣言した。「名古屋有利」の予想だっただけに、サマランチ会長の発表に会場は一瞬沈黙し、大きなどよめきの後、ソウル祝福の拍手となった。韓国側参加者は抱き合って喜んだ。まさかの逆転劇だ。ソウルの得票は予想以上に多く五二票。「分断国家」「財政難」という問題を抱えていたが、それを承知のうえでなお大量票が集まった。

名古屋市はまさかの敗北だったが、最も驚いたのは韓国政府であり、韓国国民だった。しかし、招致推進委員長・鄭周永は委員長を引き受けた時点で勝算があると考えていた。また、それを可能にする要素も十分あった。それは安企部の権力を活用して海外に進出している韓国企業を動員したことであり、韓国企業が持っているネットワークを利用して各国のＩＯＣ委員たちと接触し得票工作をしたことだった。安企部の権力が利用できる時代だったからこそ可能な作戦だった。

一九八八年の夏季オリンピックはソウルに決まったが、分断国家の韓国での開催は北朝鮮による妨害の憂慮があり、不安材料もあった。実際、その前の二大会、モスクワ大会はソ連のアフガニスタン侵攻に抗議し、米国はじめ西側諸国がボイコット、ロサンゼルス大会はソ連はじめ、社会主義諸国がボイコットした経緯がある。

それが史上最大の一六〇カ国・地域が参加する大会となったことは、「やればできる」という起業家精神で招致成功に導いた鄭周永現代グループ会長の功績が多大である。鄭周永の計画に合わせて、各企業がそれぞれ得意とする中南米や中東、アフリカなどの支援を取りつけたことは、招致だけでなく大会参加にも好意的な影響を与えた。

「世界はソウルへ、ソウルは世界へ」というスローガンの〝88《パルパル》ソウルオリンピック〟は、一九八八年九月一七日から一〇月二日までの一六日間、世界から一万三六〇〇人を超える選手や役員が集まって開催された。一二年ぶりに東西両陣営が参加し、名実ともに世界的規模のスポーツ大会として選手たちが実力を競い合った。

オリンピック競技が始まると、特にソ連・中国・東欧など社会主義諸国の活躍が目立ち、金メダルの二四一個のうち、一三〇個をそれらの国が占めていた。

韓国は、自国で開催するソウル大会で金メダル一二個を含む三三個のメダルを獲得した。韓国がこれだけのメダルをとったのはオリンピック参加以来、初めてのことである。

オリンピック開催は韓国の発展した姿をそのまま世界に見せる場となった。選手や大会関係者だけでなく、観光客も二四万人ほどがオリンピックの期間中に韓国を訪れた。しかも疎遠だった共産圏諸国からも大勢の人がやってきた。韓国の人々は、世界には価値観の違う人たちもたくさんいるということも認識したはずである。また、外国人たちの来訪によって、多様な文化に接する機会となった。文化には輸入もあり、輸出もある。双方向で流れるのである。

ソウルオリンピックの成果

韓国政府は一九八〇年一二月、第二四回オリンピックのソウル招致をIOC本部に伝達し準備にとりかかった。日本は敗戦後の困窮状態からいち早く復興を達成し、貿易立国として経済成長を成し遂げ、東京オリンピックを成功させると、アジア唯一の先進国としてG7（主要七カ国）に仲間入りするなど、韓国からすれば憧れのモデルだった。特に東京オリンピック後の目覚ましい経済発展に注目していた。そのために、ソウルオリンピック開催は日本に追いつくための第一ステージとして位置づけられた。

オリンピック開会式や閉会式の映像は世界中に中継され、当時の韓国の姿を世界に紹介する機会でもあった。また、競技内容だけでなく、設備や記録・発表の装置、運営システムなどを世界の人たちに見せ、特に、マラソンの中継の時は、ソウル市街が画面に映し出され、林立する高層ビル、道路や橋、漢江を彩る遊覧船およびボート遊びの群れなど、目を見張るような風景を見せつけた。二十数年前まで世界の最貧国レベルだった国の変貌ぶりは素晴らしいものだった。

こうした韓国の経済発展を、テレビを通じて全世界に発信できただけでも、オリンピック開催の効果は大きい。そして、オリンピックは先進国でなくてもできるという希望を抱かせた。

ソウルオリンピックは運営面でも成功した。近年になって、オリンピックは経費がかさみ、赤字覚悟でないと開催できないという見方が強いが、やり方によってはうまく開催できるという実例を見せてくれた。

ソウルオリンピックの成功は外交関係にも多大な影響を及ぼした。特に東ヨーロッパの社会主義諸国が従来の北朝鮮一辺倒外交から、オリンピックを通じて韓国の実情を観察し、外交関係の樹立に発展したことは大きな成果であろう。これが盧泰愚政権の「北方外交」に刺激を与え、交流が進展し、韓国はソウルオリンピック終了から二年以内にハンガリーはじめ、東欧諸国、ソ連などと国交を樹立した。さらに中国とも国交を樹立。これは盧泰愚政権による「北方外交」の成果だ。それを可能にしたのは経済力の伸長であろう。

3　盧泰愚政権の内政と外交

盧泰愚政権の「北方外交」

盧泰愚大統領は国民の直接選挙で選ばれたとはいえ、国民の三分の一の支持しか得ていなかった。また、全斗煥政権時代の清算という重荷を背負って政権を継承したが、国会議員選挙での与党敗北により、さらに窮地に追い込まれた。その局面転換策として打ち出したのが「北方外交」だ。その流れによって、北朝鮮との間に和解と協力の関係を築くための特別宣言「七・七宣言」を一九八八年に発表した。

これを受けて、翌年三月三〇日、日本の竹下登首相は国会での発言で、北朝鮮を朝鮮民主主義人民共和国と正式名称で呼び、「過去を深く反省し、遺憾の意を表明する」と発言、「前提条件なく政府間の話し合いを行ないたい」と直接対話を提唱した。

この頃、日本の学界においても、南北朝鮮の関係四大国による「クロス承認」が話題になっていた。すなわち、米国と日本が北朝鮮を承認し、ソ連と中国が韓国を承認するという考え方である。もしこのクロス承認の外交政策が関係国の合意のもとで実現されたならば、東アジア地域の平和と安定に寄与し、現在大きな焦点となっている北朝鮮の核とミサイル問題も解決の余地があったのではないだろうか。

ところが、韓国がその後、経済的に急成長し、民主化の進展によって国際社会における地位が向上して南北の経済格差が広がった煽りで、北朝鮮は国際社会から孤立し苦境に陥っている。その対策として北朝鮮は自主国防を確立すべく、軍事優先政策を採用した。「北方外交」の成果で盧泰愚政権は一九八九年二月一日、ハンガリーとの国交樹立を皮切りに、東欧諸国と立て続けに国交を樹立した。一九九〇年六月四日には、米国サンフランシスコで、盧泰愚とソ連のゴルバチョフ両大統領による歴史的な韓ソ首脳会談が開催され、九月三〇日、ソ連との間でも国交を樹立。盧泰愚大統領は韓国大統領として初めてモスクワを公式訪問した。続いて一九九二年八月二四日、韓国は中国と国交樹立した。ソ連、中国、東ヨーロッパの社会主義諸国が北朝鮮一辺倒外交から、ソウルオリンピックを契機に外交関係を見直した結果である。

盧泰愚政権が北方外交を推進している間に、ベルリンの壁が崩壊して東西ドイツが統一、またソ連の解体によって一五の共和国が分離・独立した。一五の共和国はそれぞれ国連（国際連合）に加盟した（ロシアとウクライナは既に加盟）。中国においては改革・開放政策が加速していた。

このような国際情勢の変化に伴って、朝鮮半島の南北関係においても変化の兆しが見え始めた。一九九一年九月には韓国と北朝鮮が同時に国連に加盟した。

盧泰愚は九月二四日の国連総会演説で、①韓国とともに、朝鮮民主主義人民共和国も加盟国となった。その加盟を心から祝福する。②朝鮮半島は南北平和共存の時代を迎えた。南北は平和協定を締結して、すべての分野での関係を正常化しなければならない、と述べた。

一方、一〇月二日の国連総会で演説した北朝鮮の延亨默《ヨンヒョンムク》総理は、①核軍縮・核兵器廃棄の国際的協力に協調する。②北南対話が進めば北南首脳会談が可能になる。③北南統一は一国家・二政府の連邦制によることが望ましいと主張した。

このような朝鮮半島をめぐる国際環境の変化の中で、韓国と北朝鮮の南北高位級会談が一九九〇年九月四日から七日、ソウルで姜英勳《カンヨンフン》韓国総理と延亨默北朝鮮総理の間で行なわれ、一九九二年九月一六、一七日まで八回にわたって両国行政の最高責任者である総理がソウルとピョンヤンを交互に訪問して開催された。

盧泰愚大統領の日本公式訪問

一九九〇年五月二四日から二六日、盧泰愚大統領は日本を公式訪問した。天皇陛下は宮中晩餐会の「おことば」の中で過去の歴史問題について、「我が国によってもたらされたこの不幸な時期に、貴国の人々が味わわれた苦しみを思い、私は痛惜の念を禁じえません」と述べられた。また、海部《かいふ》俊樹首相は、「過去の一時期、朝鮮半島の方々が我が国の行為によって耐え難い苦しみと悲しみを体験されたことについて謙虚に反省し、率直にお詫《わ》びの気持ちを表明」した。これに対して盧泰愚大統領は、「遥《はる》か古代から今日に至るまで、韓日両国は最も近い隣人として親しんできました。両国の国民は狭い海峡を越えてお互いに往来し、相手国の文化形成に大きな影響を及ぼし合いました」と述べた。

盧泰愚大統領は五月二五日、韓国国家元首として初めて、日本の国会で衆参両院議員を前にして演説を行ない、次のようにしめくくった。

「近くて近い隣人として、信頼し合う友人として、より平和で繁栄に満ち、自由と幸福があふれる世界をともに創造しましょう。

来る世紀には東京を出発した日本の青年が（日韓）海底トンネルを通過して、ソウルの親友といっしょに北京とモスクワに、パリとロンドンに、大陸を結び世界をひとつにつなぐ友情旅行を楽しむ時代を共に創造しましょう」

一九九〇年九月二四日から二八日まで、金丸信を団長とする自由民主党代表団と田辺誠を団長とする日本社会党代表団が、朝鮮民主主義人民共和国（北朝鮮）を訪問した。金丸

日本を訪問し、宮中晩餐会に出席、さらに韓国元首として初めて国会で演説した盧泰愚大統領。
写真　朝日新聞社／ユニフォトプレス

団長と田辺団長は朝鮮労働党の中央委員会総書記・金日成主席に自民党・海部俊樹総裁の親書、社会党・土井たか子委員長の親書を手渡した。訪問期間中に自民党代表団、社会党代表団と朝鮮労働党との間で、数回にわたる三党共同会談が行なわれ、「三党は、自主・平和・親善の理念に基づき日朝両国間の関係を正常化し、発展させることが両国国民の利益に合致し、新しいアジアと世界の平和と繁栄に寄与すると認める」とし、八項目にわたる共同宣言を発表した。

三党共同宣言がきっかけとなり、一〇月には土井たか子委員長を団長とする社会党代表団が訪朝、また、小沢一郎幹事長を団長とする自民党代表団も訪朝して金日成主席と会談した。その時、北朝鮮に抑留されていた第一八富士山丸乗組員二人が釈放され帰国、引き続き、日朝国交正常化のための会談が開催された。

4 軍政から民政への橋渡し役

盧泰愚は軍人出身としては最後の大統領だ。時代の流れとともに民主化は進展し、経済成長の恩恵を受けた国民の意識水準も生活水準も高くなり、軍事独裁政権時代の非人道的な行為や人権を無視したやり方は、もう通用しないことを思い知らされた。こうした認識から、盧泰愚は民主化推進を宣言し、全斗煥時代の悪弊を消すことに尽力した。

軍勢力をはじめ、既得権を持つ勢力によって各方面にネットワークが張られ根づいていたことから、それを取り除くのは容易なことではなかった。民間政治家であれば抵抗が激しく、下手をすると軍によるクーデターの可能性もないとは言えない。盧泰愚が軍出身であることから、民主化が順調に進み、軟着陸できたという見方もできるであろう。したがって、盧泰愚は軍政から民政への橋渡し役を立派に果たし、一定の成果をあげたと言える。

そして、大統領任期中に、ソウルオリンピックを成功させ、「北方外交」を推進して、東欧社会主義諸国、ソ連、中国などと国交を樹立したことや、北朝鮮との間で和解と協力の関係を築くための特別宣言「七・七宣言」を出したことは評価に値する。六項目からなる「七・七宣言」には南北の同胞間の相互交流と海外同胞の自由な南北往来なども盛り込まれている。

新軍部勢力によって引き起こされた光州事件については、関係者の一人として盧泰愚本人が直接現場を訪れ、謝るようなことはなかったが、生前、家族を通じて、事件による被害者たちに謝罪の意を表明し、反省の姿勢を示したことは一定のけじめとして受け取られている。

しかし、統治資金という名の莫大な資金を企業などから集めて私腹を肥やし、退任後も巨額の資金を金融機関に隠して持っていたことは独裁政権の悪行をそのまま踏襲していた。

一九九三年八月に金融実名制が実施されてから、証券街を中心に前大統領（盧泰愚）の秘密資金保有の噂が流れていた。それを裏づけるように、一九九五年に民主党国会議員・朴啓東《パクケトン》が盧泰愚の秘密資金があると国会で暴露。朴啓東は、新韓《シンハン》銀行西小門《ソソムン》支店に他人名義で約一二八億ウォン（約一六億円）預けられていると預金照会票を公開し、これは盧泰愚の退任直前の一九九三年一月末まで韓国商業《サンオプ》銀行孝子洞《ヒョジャドン》支店に預けられた四〇〇〇億ウォン（預けられていた当時のレートで約六四八億円）の秘密資金を市中銀行に一〇〇億ウォン（約一二億三〇〇〇万円）ずつ四〇個の口座に分散して預けているうちの一部であると明らかにした。

新韓銀行側が口座に関して解明する過程で、前大統領の秘密資金の具体的内容が明らかになり、検察が捜査に着手、盧泰愚の警護室長であった李賢雨《イヒョンウ》と銀行関係者が取り調べを受け、朴啓東の暴露内容が事実であることが確認された。

盧泰愚は秘密資金の存在を暴露されても、当初はシラを切って名誉毀損で告訴すると強気の態度だったが、詳細な内容が明らかになると認めざるを得なくなった。

盧泰愚は、謝罪声明の中で、長年にわたる慣行で統治資金として任期中の五年間におよそ五〇〇〇億ウォン（約八一〇億円）を、主として大企業から集めたことを認めた。

検察の捜査結果によれば、盧泰愚は「在任期間中、企業代表たちから約三四〇〇億ウォン（約五五〇億円）ないし三五〇〇億ウォン（約五六七億円）を受け取り、一九八七年の大統領選挙のために用意した資金の残金と大統領就任祝い金などの約一一〇〇億ウォン（約一九三億円）とを合わせて、四五〇〇億ウォン（約七二九億円）から四六〇〇億ウォン（約七四五億円）を集めた」と明かした。

また、検察は新韓銀行など九つの金融機関に開設された三七口座で、入金額および譲渡性預金証書の買入金など、合計四一八九億ウォン（約五七八億円）を確認したと発表。捜査過程で、盧泰愚の陳述に基づき、この資金の使用先を明らかにした。しかし、約九〇〇億ウォン（約一二五億円）については不明であり、国民の関心が高かった大統領選挙の時の支援資金はそこには含まれていなかったため、国民の納得を得られなかった。

第4章　軍政から民政への政権交代

1 金泳三による「文民政府」誕生

「歴史の見直し」と全斗煥・盧泰愚の審判

金泳三は、三〇年以上続いた軍事政権から文民政権に交代した最初の大統領である。金泳三は金大中とともに民主化運動を主導してきた老練な政治家として、大統領になるとすばやく政治改革を開始した。民間人を多数登用するなど、政府機関の人事の刷新、高級公職者の資産公開、軍の秘密組織「ハナ会」の解体などの軍人事刷新、金融実名制の実施などを断行した。このような点で新鮮さは評価されたが、準備もなく独断専行で進めたため、もろさも露呈した。

一九九三年二月に文民政府が誕生すると、クーデターによって政権を奪取した全斗煥および盧泰愚に対する告訴が相次ぎ行なわれた。一九九三年七月一九日、クーデターの時、新軍部勢力によって指揮権を奪われた鄭昇和元陸軍参謀総長や張泰玩元首都警備司令官など二二人が、全斗煥、盧泰愚など三四人を、軍法上の反乱および内乱目的殺人容疑で検察

初の文民政権大統領に就任した金泳三。韓国政治一新のため、矢継ぎ早に改革を実行した。

写真　朝日新聞社／ユニフォトプレス

に告訴した。そして、一九九四年五月一三日、光州事件の被害者三二二人が、全斗煥、盧泰愚など光州事件に関わった三五人を反乱および内乱目的殺人容疑でソウル地方検察庁に告訴した。

また、盧泰愚に関する秘密資金の存在が明るみに出ると、新軍部の粛軍クーデターと光州民主化運動についての歴史的な審判をすべきだという世論が沸騰し、金泳三大統領は当初、全斗煥と盧泰愚に対する評価は歴史に任せようとして処罰はしないという姿勢であったが、世論の動向を見て、一九九五年一一月二四日、「歴史見直し」という名目で特別法の制定を指示した。

検察は一一月三〇日、粛軍クーデターおよ

び光州事件特別調査本部を設置して全斗煥を検挙、一二月三日に拘束した。

一九九五年一二月二一日、国会で「五・一八民主化運動等に関する特別法」が制定された。この法は一九七九年一二月一二日（全斗煥の粛軍クーデター）と一九八〇年五月一八日（光州事件）の犯罪行為に対する公訴時効停止などを規定し、民主化を定着させ、民族正義が徐々に育まれるようにと制定された。

一九九六年八月二六日に全斗煥と盧泰愚の初公判が開かれた。全斗煥に対しては、反乱、内乱首魁《しゅかい》、内乱目的殺人、特定犯罪加重処罰などを適用し、検察の求刑通り死刑が宣告された。盧泰愚には反乱、内乱重要任務従事および特定犯罪加重処罰などを認定し、懲役二二年六カ月を宣告した。

判決は、粛軍クーデターについては、全斗煥と盧泰愚が主導的に鄭昇和陸軍参謀総長を排除して軍の主導権を掌握しようとした反乱であるという検察の公訴事実を認定。光州事件については、五月一七日の非常戒厳令拡大措置、国会封鎖、政治家逮捕、光州民主化運動初期の強行鎮圧などを「暴動」とみなした。そして秘密資金授受に関しては、大統領の職務との関連で「包括的な賄賂」という判断を下し、統治資金または政治資金として、賄賂性がないという弁護人側の主張を退けた。

一九九六年一〇月七日、ソウル高等法院（高裁）で、粛軍クーデターおよび光州事件の第二審の公判が開かれ、一一月四日に結審した。

二審判決において全斗煥は一審の死刑から無期懲役に、盧泰愚は懲役二二年六カ月から懲役一七年に減刑され、大部分の被告も減刑された。

そして一九九七年四月一七日、大法院は、控訴審判決を全面的に受け入れ、被告人たちの上告をすべて棄却した。また全斗煥と盧泰愚には、大統領在任中に財閥総帥たちから受け取った賄賂について追徴金の宣告が下され、全斗煥は無期懲役と二二〇五億ウォン（約三一二億円）、盧泰愚は懲役一七年と二六二八億ウォン（約三七二億円）を支払うこととなった。

経済危機とIMF支援要請

金泳三が政権を引き継ぐ前年度、一九九二年度の経済成長率は六・二パーセントに低下した。政権発足後、多少持ち直したとはいえ、しっかりした土台ができる前に、金泳三政権のさまざまな改革が始まった。特に金融実名制の実施は準備期間もなく突然推進されたため、経済界は対策に苦慮し、経済は低迷した。それでも金泳三政権の改革推進は国民大多数の支持を受け進められた。

軍事政権下で推進された経済開発は政府主導で、官僚指導により運営され、政官財の協力体制によって推進した発展モデルだった。ほとんどの財閥企業は事業を「タコ足拡張」で過剰投資して拡大したため、背後では政界と企業間の癒着により、経済性のない資金の貸し出しや投資が横行していた。しかも金融機関は海外資金を一年未満の短期で導入し、企業には高い金利で長期設備投資資金として貸し出していた。これは経済が安定している時は繰り延べが可能だったが、危険を感じると、外国の金融機関および投資家たちは大急ぎで資金を回収する。

また、当時の韓国の金融機関は、東南アジア諸国に多額の融資をしていた。日本や米国など先進国から安い利子で借りた資金を高い利子で貸して差益を得ていたのだ。そのため東南アジア諸国が通貨危機に陥ると、先進諸国が短期債の満期延長を拒否したため、韓国の外貨保有高は底をついてしまった。外国為替の管理体制が整っていないアジア諸国の金融事情を見極めていた欧米のヘッジファンドは、アジア諸国から一斉に短期投資の資金を回収する手法をとり、これがアジア通貨危機を引き起こす要因の一つとなった。そしてアジア諸国がＩＭＦなどの国際金融機関に救済申請すると、ヘッジファンドは捨て値で売りに出されている企業を買収して利益を得る。こうしたヘッジファンドの攻撃的なビジネス手法にアジア諸国は防衛できる手段を持っていなかったため企業は倒産を余儀なくされた。

一九九四年末の韓国の対外債務は八〇九億ドル（約八兆九〇〇〇億円）、短期債務は三六二億ドル（約三兆六二〇〇億円）。一九九七年六月末の対外債務は一六一六億ドル（約一八兆四二二四億円）、短期債務は七七七億ドル（約八兆八八九〇億円）。経済成長率は一九九七年に六・二パーセント、翌年にはマイナス五・一パーセントを記録した。

一九九七年六月末の国の経常収支は一〇三億ドル（約一兆一七四二億円）の赤字を記録。前年同期より赤字幅は四億六〇〇〇万ドル（約五二六億円）拡大した。当時韓国ウォンの対ドル換算は固定相場制で、一ドル＝八〇〇ウォン前後で取引されていた。ところがウォンの価値が急落し、六月末には一ドル＝八八七ウォンだったが、一二月末には一六八五ウォンに下落した。韓国の通貨当局はウォンの暴落を防止するために多額の外貨をつぎ込んだが、効果はなく、外貨不足の結果を招き、結局、変動相場制に移行することとなる。

一九八〇年代から一九九〇年代半ばまで、韓国は高度経済成長期を経験した。当時の成功方程式は前述したように「タコ足拡張」で、借金してでも事業規模を拡大すれば収益も大きくなるという発想だった。そして、その方式がいつまでも続かないことに韓国政府も企業経営者も気づかなかった。

金泳三大統領は一九九七年一一月二一日夜、大統領選挙のさなか、青瓦台に各党の大統領候補および党首を集めて会談を開き、ＩＭＦへの支援要請の事情を伝えた。その直後、韓国政府はＩＭＦに救済資金として二〇〇億ドル（約二兆五九〇〇億円）を公式に要請。その翌日、金泳三大統領は「経済難克服のための特別対国民談話」を発表した。

すると、ＩＭＦスタッフが韓国に飛んできて交渉が始まり、一二月三日に交渉はまとまった。韓国の支援要請に対して、ＩＭＦは史上最大規模となる二一〇億ドル（約二兆七〇〇〇億円）の融資実施を決定。それと合わせて世界銀行から一〇〇億ドル（約一兆二九五〇億円）、アジア開発銀行から四〇億ドル（約五一八〇億円）、日本から一〇〇億ドル、米国から五〇億ドルなど、総額五五〇億ドル（約七兆一二二五億円）という支援パッケージができ上がった。その後、Ｇ７などから二〇億ドルの追加支援があった。

そういう状況において、ＩＭＦ専務理事ミッシェル・カムドシュが訪韓し、大統領候補たちも呼ばれて、協約実行の覚書を要求された。候補者たちは用意された合意文実行の覚書に署名しなければならなかった。要求事項の骨子は次の通りである。

「経済成長率を二・五パーセントから三パーセントに抑え、経常収支の赤字を国内総生産の一パーセント（約五〇億ドル）に縮小、物価上昇率も四・五パーセントの水準に抑える。また、財政を縮小し、付加価値税率を引き上げる。財閥の透明化のために連結財務諸表を導入し、会計監査を海外に依頼、系列社間の連帯保証を禁止する。そして経営不良の銀行を整理し、労働市場に柔軟性を持たせる」

支援決定によってＩＭＦが韓国経済に介入することになり、経常収支の改善、財政収支の黒字化、インフレの抑制、金融の引き締め、外貨保有高の増額、金融機関の改革、財閥の改革、市場開放などを要求された。

当時は朝鮮戦争以来の厳しい経済状況で、金泳三政権は、支援を受けるためにＩＭＦが提示する条件を受け入れざるを得なかった。むしろこれは開き直って、約束を忠実に守り、それまでにでき上がっていた歪《ゆが》んだ経済構造を建て直すチャンスでもあった。

危機はチャンスなり！　このような認識で、韓国政府はＩＭＦの指導を受けながら積極的に各種改革を推進し、海外からの投資に対する規制緩和がなされたことで、外国資本の流入が促進されるようになり、韓国の国際収支は徐々に安定を取り戻した。

二〇〇一年八月二三日、韓国はＩＭＦ体制を公式に終了した。一九九七年一二月以降にＩＭＦから借りた一九五億ドルをすべて返済した。予定よりも三年ほど前倒しでの早期償還だった。

筆者が見た金泳三

一九八五年一〇月、金泳三が来日した。監禁状態から解放され、米国訪問の帰りに日本に立ち寄ったのだ。同氏の著書『私とわが祖国の真実』（記録社）の出版記念会への出席のためだった。

当時、金泳三は日本には人脈が少なかったので、出版記念会への人集め、そして日本の政界関係者との面談など、交渉がうまく進まないことから、友人から手伝って欲しいと頼まれた。私は政治には関わっていなかったが、金泳三は金大中と並んで韓国野党の指導者であり、将来性のある政治家なので、役に立つのであればという思いから軽く引き受けた。ところが、状況を聞いてみると、全斗煥時代の韓国国内政治の影響で、韓国大使館が締め付けを行ない、韓国民団（在日本大韓民国民団）など在日有志が金泳三の会合へ出席するのを妨害、さらに自民党国会議員は関わりたくないと敬遠する様子だった。

そこで私は金大中拉致事件の救援活動に参加した人たちに接触した。社会民主連合の田英夫参議院議員、土井たか子社会党副委員長などは積極的に協力してくれたが、自民党へ

一九八五年、『私とわが祖国の真実』出版記念会で金泳三が来日し、記念撮影。中央が金泳三、一番右が筆者。
写真　永野慎一郎提供

の働きかけは進展しなかった。

先輩教授に相談すると、彼の大学時代の同期である社会党の武藤山治《さんじ》議員を紹介してくれた。武藤議員は社会党右派の政権構想研究会代表で、政策審議会長や副委員長を務めた党幹部であり、韓国との交流も進めていたので、快く引き受けてくれた。関係者と一緒に衆議院議員会館事務所を訪ねて行き、途中経過を説明すると、竹下登大蔵大臣にその場で電話し、「金泳三」という韓国の政治家が来日するので、五分か、一〇分でもよいから、会ってくださいと要請したが、竹下大臣から、ちょうどその日に訪韓するので時間が取れないと断られた。

金泳三は、中曽根康弘総理には会えなくて

も、自民党のニューリーダーである安倍晋太郎、竹下登、宮澤喜一などとの面談を希望した。しかし、全斗煥政権への配慮から全部断られた。それでも、元外相・伊東正義《まさよし》は警視庁に金泳三のＶＩＰ対応を要請し、東京滞在中、ＳＰをつけてくれた。また、出版記念会でも自民党代表として祝辞を述べるなど協力してくれ、海部俊樹は武藤山治の要請で発起人代表を承諾してくれた。自民党からの協力は二人だけだった。

私たちは金泳三が到着する成田の新東京国際空港に「大歓迎　金泳三先生一行来日」の垂れ幕を用意して出迎えることになった。ところが、一緒に行ってくれる人が少ないことが分かったため、急遽《きゅうきょ》ゼミの学生を動員し、一〇人ほど集まった。衆議院議員会館前に集合し、マイクロバスに乗って成田空港に向かった。そこに乗り合わせたのが和田春樹東京大学教授だった。和田教授はキリスト教関係団体から時間が取れそうなのは大学教授なので行ってくれないかと要請されたという。和田教授は金泳三とは直接交流がなかったが、金大中救命運動などに関わり、韓国の民主化運動への支援の一環として考えていたようである。「なんと誠実な人だろう」と私は思ったものだ。

成田空港は入国手続きを済ませて出てくる出口が二カ所ある。金泳三がどちらの出口から出てくるか分からないので、迷っていると、ちょうど、『朝日新聞』の小田川興《こう》記者が金泳三の取材に来ていて、プレスカードを持って中に入るというので、金泳三氏に左側の出口で歓迎の人たちが待っていると伝えて欲しいと頼んだ。ところが出てきたのは反対の方だったので急いで移動した。

その後、滞在先のホテルニューオータニに移動。同行者の中に、秘書室長の金徳龍《キムトクリョン》と顧問役の金命潤《キムミョンユン》弁護士がおり、彼らが窓口となって、東京滞在中のスケジュール調整など、さまざまな世話をした。

金命潤は国会議員を三期務め、金泳三が統一民主党総裁を辞職した時は総裁代行として党を守った後見人でもある。民主平和統一諮問会議首席副議長（議長は大統領）を務めた。金徳龍は金泳三の最側近として秘書室長を務め、後にハンナラ党副総裁や院内代表、無任所長官などを歴任したベテラン政治家で、大統領選挙に挑戦したが、ハンナラ党大統領公認党内予備選で敗北した。私はそれ以後も二人にはしばしば会って、日韓関係や対北朝鮮政策などについて意見交換した。

東京滞在中は、自民党からは冷遇されたが、社会党は積極的に協力してくれた。石橋政嗣《まさし》委員長と会談、田辺誠書記長は出版記念会で祝辞を述べた。土井たか子事務所は国会議員たちへの招待状発送の手伝いをはじめ、東京丸の内の東京會館で開催された出版記念会受付など雑務を担当してくれた。

韓国民団は、出版記念会日時に合わせてわざわざ中央委員会を開くなど嫌がらせをしたが、それでも多数の在日韓国人や日本の知識人が出席し、韓国から金泳三系列の国会議員が一五人ほど来日した。会場には二〇〇人ほど集まった。田英夫議員の司会で式典が始まり、伊東正義元外相、田辺誠社会党書記長、武藤山治議員、日本のキリスト教団体の代表などの祝辞があり、出版記念会に出席するために来日した韓国の現職・元職国会議員たちが壇上に並んで紹介された。一行を紹介した後、金泳三は感謝の言葉を述べた。

その翌日、武藤山治を中心とする社会党議員たちと、韓国から来日した国会議員たちによる懇談会が開かれた。武藤山治をはじめ、社会党から堀昌雄、久保亘《わたる》、佐藤観樹など重鎮たちが参加し、意見交換した。こうして歓迎行事は無事終了した。

その後しばらくしてから、金徳龍から東京に来ていると電話があり、ホテルで再会した。ソウルに来たら、是非連絡くださいと言われたので、一九八七年春、ソウルに行った時、金徳龍にあいさつでもと考え事務所を訪ねて行った。ちょうど、全斗煥の後継大統領選挙が実施されることになり、与党民正党は盧泰愚を次期大統領候補に指名していた。

しかし、野党は金泳三と金大中という有力候補二人が別々に政党の指名を受けて立候補の準備を進めていた。野党支持者たちは二人が共に立候補すると票が分散し、せっかくの軍政から民政への政権交代が不可能になると一本化を強く望んでいた。そんな時期でもあったので、金徳龍との対話もその問題が話題になり、私は「分裂では票が分散し、盧泰愚を利するだけなので両陣営がよく話し合って一本化してください」と要請、「大統領と党総裁を分離して、その次の大統領にするように合意する案もあるのではないか」と提案した。金徳龍も同意し、一本化に努めますと言っていた。

私が帰ろうとすると、金泳三総裁にあいさつしてくださいと総裁室に案内してくれた。金泳三に面会するために四人ほど待機していたが、すぐ面会させてくれた。特別扱いだった。あいさつが終わって、長話はできないので、単刀直入に大統領選挙の話をした。

「先生と金大中が共に立候補すると、野党票が分散し、共倒れになる可能性が高く、盧泰愚の勝算が大きいと世間は見ています。国民は軍事政権を止めさせ、民政への移管を望んでいます。国民の要請に応えるためにも、二人で話し合って、候補を一本化してください。一本化しない限り勝てない選挙だと考えます。どちらかが譲り、相手の方に次期を約束して合意し連合政権を作れば、山積した政策を実現できます。いかがでしょうか」

じっと、話を聞いていた金泳三は、「分かりました。ところで、教授を含めて、海外にいる学者たちは、私と金大中のどちらに一本化した方が良いと考えているのでしょうか」と質問してきた。迷うことなく、「二人とも資格があると考えています。どちらが先になるかについては、いろいろな事情があると思いますので、二人で話し合って決めれば、それに従うと思います」と答えた。金泳三は「よく分かりました。そのように努力します。カムサハムニダ（感謝します）」と言い、握手して部屋を出た。

それから、この話を金大中側にもしてみる必要があると考え、金大中の側近として秘書を務めている高校の同期生がいることを思い出したので連絡してみた。彼はソウル大学外交学科を卒業し、ずっと、故郷の先輩である金大中を支えてきた。韓和甲《ハンファガプ》といい、金大中を大統領にするために生涯を捧《ささ》げた人物だ。金大中の信任も厚い最側近である。

その後、国会議員を四期務め、金大中の後継者になろうと党予備選挙に打って出たが、同じ全羅道出身では無理だという判断で、金大中が慶尚道出身の盧武鉉を後継者に選択したことから大統領立候補は断念した経験を持つ。与党新千年《シンチョンニョン》民主党代表、民主党代表なども務めた。

その韓和甲に、高校卒業から三〇年ぶりに電話したら、覚えていてすぐ分かったと言い、今、ソウルに来ていると言うと出てきてくれた。

昼食をとりながら、本題に入った。実は昨日、金泳三と会って来たと言い、「今回の大統領選挙では野党が分裂して選挙戦に臨めば、票が分散して盧泰愚に勝てない。まず軍政を終わらせるという目的で、金大中と金泳三の候補一本化を推進すべきであると提案してきた。この点に、金泳三も同意した」と話し、「どちらも譲歩しない現状では、一本化の成立は困難である。これは、僕の個人的な意見だが、人物としては金大中の方が大統領の適任者である。多くの国民もそう考えている。しかし、一本化を最優先し、政権交代を目的として、今回は金大中側が立候補を辞退し、代わりに党総裁職に就き、次の大統領になって南北統一を実現させ、統一韓国の大統領になればどうだろう。僕が見ている限り、金泳三はそれほど能力があるとは思えないので、一期やらせてからの方がやりやすいこともある」と説得したが、無駄だった。

韓は、「先方からさまざまな話が伝わってきているが、我々は絶対に勝つ」と言い切っていた。私の話を、金泳三側から頼まれてきたという印象で受け止めていたようだった。三〇年ぶりの再会なので、そう思われても仕方ない状況であった。それでも彼は「同期生だから忌憚《きたん》のない意見交換だった」と言って別れた。

大統領選挙での敗北後、ある共通の友人が、「選挙活動の最中に永野から、今回はこちらが譲歩した方がいいと言われたが、今考えれば、その意見が正しかったかもしれないと韓和甲が言っていた」と伝えてくれた。それ以来、韓とは親しい関係である。

金泳三大統領は就任式で金日成主席に南北首脳会談を呼び掛けたことがある。カーター元米国大統領の仲介で、一九九四年七月二五日、ピョンヤンで南北首脳会談が開催される予定だった。しかし、七月八日、金日成の急逝によって不運にも首脳会談は幻に終わった。首脳会談を約束した相手が急逝したことから、弔問使節を送るべきだとする意見と、戦争を起こした戦争犯罪人を弔問するなどとんでもないという意見が対立し、結局、金泳三政権は正式に拒否した。せっかく訪れた南北関係の雪解けの雰囲気は吹き飛んでしまった。

2　与野党の政権交代——金大中による「国民の政府」

波瀾《はらん》万丈の政治家・金大中

一九九七年一二月一八日に実施された第一五代大統領選挙で、野党新政治国民会議《シンチョンチグンミンフェイ》の金大中候補が当選、一九四八年の大韓民国樹立以来五〇年経過して初めて、与野党間の平

ようやく大統領に当選した金大中。左は金鍾泌・自由民主連合総裁、右は浦項総合製鉄元会長の朴泰俊。
写真　朝日新聞社／ユニフォトプレス

和的な政権交代が実現した。この憲政史上初の水平的政権交代は、民主化が進展した韓国民主主義の成熟度を示す証《あかし》でもあった。

朴正熙は、一九七二年一〇月、非常戒厳令を宣布して国会を解散し、すべての政治活動を禁止した。その時、金大中は東京の慶應大学病院に入院して脚の治療を受けていた。一九七一年の大統領選挙後の国会議員選挙応援のために全国を遊説中、乗っていた乗用車がトラックに衝突され、運よく死は免れたが、片脚に障害が残った。

この時、金泳三は米国に滞在していた。二人の有力な野党指導者が国を離れている隙を狙って、朴正熙は独裁体制を築こうとしたのだ。この知らせを聞いて、金泳三はすぐ帰国したが、自宅に監禁された。

金大中は東京で記者会見を開いて朴正熙独裁政権と戦うことを宣言し、亡命を決心する。日米を往来しながら、反政府運動・民主化運動を続ける金大中の行動は、朴正熙にとっては許しがたいものであった。一九七三年七月一〇日、金大中は米国から日本に戻るが、金大中の動向はKCIAによって監視されており、同年八月八日、東京のホテルで拉致される事件が発生したのは前述した通りである。

金大中は、一九九七年に実施された大統領選挙で新政治国民会議候補に選出された。金大中は三度にわたる大統領選挙で、保守と進歩（革新）、慶尚道と全羅道の地域感情という対立構造が固定化されている状況では、自分単独では選挙で勝てないということを悟った。そこで忠清道を地盤としている自由民主連合（自民連）総裁・金鍾泌と政策連合に合意した。そのため、在野の民主化運動指導者からは金鍾泌と組むことに反発と非難の声が上がったが、金大中は「思想問題の亡霊」と述べ、全羅道孤立の構図を打破するには自民連との連合が必要だと説得した。

この連合は、二人の名の英語表記の頭文字DJとJPを合成した「DJP連合」と呼ばれた。さらに、浦項《ポハン》総合製鉄（現ポスコ）元会長の朴泰俊《パクテジュン》が野党候補一本化の流れに加わった。朴泰俊は対日請求権資金を活用して浦項総合製鉄を設立し、世界トップクラスの製鉄会社に成長させ、韓国の経済発展に多大な貢献をした人物だ。朴泰俊は慶尚道出身で信任の厚い政治家でもあった。

こうして金大中、金鍾泌、朴泰俊（TJ）という「DJT連合」が出現した。

一九九七年の第一五代大統領選挙は国民会議・金大中、ハンナラ党・李会昌《イフェチャン》、国民新党《グクミンシンダン》・李仁済《イインジェ》の三《み》つ巴《どもえ》の争いとなった。金大中は〝与野党の政権交代〟、李会昌は〝「三金」（金大中、金泳三、金鍾泌）清算〟、李仁済は〝世代交代〟を訴えた。

金大中は、最後の遊説で、全身の力をふり絞って演説した。

「私には大統領になるために四〇年間、磨きに磨いてきた知恵と経綸《けいりん》があります。監獄でも、海外でも、大統領になるための準備をしてきました。全世界で、大統領になるための準備を私ほどした人間も恐らくいないでしょう。私にぜひ一度、機会を与えてください」

そして、司会者の声が街中に響き渡る。

「明日この国の政権が交代します。金大中大統領が誕生します。苦難の時代が終わり、希望の時代が始まります」

投票の結果、金大中が大統領に当選した。韓国選挙史上初めての与野党政権交代であり、初めての革新系の大統領が誕生した。

金大中の大統領当選後の第一声は、「建国以来の与野党間の政権交代を成し遂げたことで、この国の新しい歴史が始まりました」だった。

記者会見では、経済危機の克服のためには、国際的な信認回復が何よりも重要だと強調し、新しい政府はＩＭＦと金泳三政府が合意したことを守ると表明。そして国民の和解と統合を訴えるとともに、「民主主義と市場経済の並行発展」を強調した。

「この国に二度と、政治報復や地域差別、階層差別があってはなりません。私は全地域、全階層を等しく尊敬し、愛しています。大統領としてあらゆる差別を一掃し、すべての国家構成員の権益を公正に保障することで、再びこの地に、差別による対立が存在できないようにします」

全斗煥、盧泰愚両元大統領の赦免・復権については、被害者が加害者を赦してこそ、真の和解が可能である、二人の赦免・復権は、将来これ以上政治報復や地域対立はあってはならないという思いを込めた象徴的な措置だと言及し、両元大統領は釈放された。

一九九八年二月二五日、国会前広場で大統領就任式が開かれた。金泳三、盧泰愚、全斗煥、崔圭夏という存命の歴代の大統領全員が出席し、日本からも中曽根康弘、竹下登とい

史上初の南北首脳会談のためにピョンヤンを訪問した金大中。金正日国防委員長は順安空港で大統領を出迎えた。　写真　ユニフォトプレス

う元首相、河野《こうの》洋平元外相、土井たか子元衆議院議長などが出席した。

金大中大統領訪朝、史上初の南北首脳会談

二〇〇〇年六月一三日、金大中大統領を乗せた特別機は午前九時一五分に大統領専用機などが使うソウル空港を出発して、午前一〇時三〇分頃にピョンヤンの順安《スンアン》空港に到着した。ソウルとピョンヤン間は一時間ほどで行ける距離なのだ。空港には金正日国防委員長が出迎えた。タラップを降りていくと、金委員長が近づいてきて手を握り、ほぼ同時に同じあいさつを交わした。

「マンナソ　バンガスムニダ（お会いできてうれしいです）」

朝鮮人民軍の名誉儀仗《ぎじょう》隊を査閲した後、金大中大統領は到着声明を発表した。

尊敬し、愛するピョンヤン市民の皆さん。そして北の同胞の皆さん。

本当に、お会いできてうれしいです。皆さんに会いたくて、ここにきました。夢に見るほど恋しかった北の山河を見たくて、ここにやってきました。あまりにも長い歳月でした。その長い歳月がめぐりめぐって、今になってやっときたのです。

生きているうちに、北の地を踏めないのでは、と悲しい気持ちになったことも一度や二度ではありませんでした。しかし、今、一生の願いをかなえました。南北の七〇〇〇万の同胞がみな、こうした願いを一日も早くかなえるよう、切に願っています。

半世紀の間に積もった恨《ハン》を、一度に晴らすことはできません。しかし、「始まりは半ば」です。今回の私のピョンヤン訪問により、すべての同胞が和解と協力、そして平和統一の希望を抱くようになることを、心より願ってやみません。

私たちは一つの民族です。運命共同体です。私たちみんな、固く手を取り合いましょう。皆さんを愛しています。

歓迎の群衆がみんな花を振り、空港には歓声が鳴り響いた。黒塗りの乗用車の右側の後部座席に金大中大統領が乗り、その後、左側の後部座席に金委員長が乗った。沿道でも赤い花を振りながら、数十万というピョンヤン市民が熱狂的な歓迎をしている。その光景に訪問団一同は圧倒された。

百花園《ペッカウォン》迎賓館に到着し、第一回目の首脳会談が始まった。会談の光景はテレビで生中継され、金委員長の肉声が初めて全世界に伝わった。

「人民には一昨日(一一日)の晩、金大統領の通過コースを知らせました。大統領が来られ、どのコースを通って百花園迎賓館まで行くのかを知らせました」

金大中大統領が続く。

「こんなにたくさんの方々が歓迎に出てくれ、驚き、感謝しています。一生、北の地を踏めないだろうと思っていましたが、歓迎していただき感慨無量です。感謝します。七〇〇〇万同胞の対話のために、ソウルとピョンヤンの天気もうららかです。民族的な慶事を祝うかのようです。成功を予言しているようです」

金大中大統領のピョンヤン訪問のニュースは瞬時に世界中に伝えられた。ソウルのロッテホテルにはプレスセンターが設置され、二八九のメディアから、一二七五人の取材陣がやってきていた。海外メディア一七三社を含む、建国以来最大の規模だった。この日、順安空港で南北首脳が手を握り合った時は、プレスセンターの記者が一斉に立ち上がって拍手したという。その時は、世界中の目が朝鮮半島に向けられ、北朝鮮メディアも、南北首脳会談の記事で埋められた。

六月一四日午後、百花園迎賓館で、二回目の首脳会談が開かれ、金大統領は四つの議題を提示した。すなわち、和解と統一の問題、緊張緩和と平和定着の問題、交流協力を活性化させる問題、離散家族問題である。

金委員長は合意文に関して、大きな宣言的内容だけを入れ、後は当局間の閣僚級会談に任せようという意見だった。しかし、金大統領は当面の実行課題に具体的に合意し、互いに信頼を積み重ねることが重要だと主張した。共同宣言文の作成にあたっては、具体的に詰める段階でさまざまな点に意見の相違があり、合意するのに時間がかかった。署名に関して、金委員長は北側を代表するのは金永南《キムヨンナム》最高人民会議常任委員長だとし、金永南名にしたいと述べたが、金大統領は金正日委員長名でないと実効性がないと拒否した。

すると、金委員長は「大統領は全羅道生まれだから、とっても粘り強いですね」と冗談でかわし、切迫した雰囲気を一瞬にして和らげた。金大統領も冗談で返した。

「金委員長も全羅道の全州《チョンジュ》金氏じゃないですか。そのように合意しましょう」

最後までもめたのは、次回の首脳会談をソウルで行なうと共同宣言文に入れることだった。これは金大統領が強力に主張した。金委員長の南訪問を誘導する狙いだった。今回、私が北に来た。しかも私の方があなたより二〇歳も年上である。あなたはいわゆる東洋の礼儀というものを尊重すると言っているけれども、ここまで私がやってきたことに対するあなたの東洋の礼儀とは一体どうなっていますかと詰め寄った。

これに金委員長が納得し、首脳会談が終わった。合意文は両指導者の署名で「南北共同宣言」として発表され、金委員長のソウル訪問は適切な時期に行なうことで落ち着いた。しかし、北の最高指導者が南を訪問することはなかった。

南北初の首脳会談を終え、ソウル空港に到着すると、たくさんの人たちが空港に集まって訪問団一行を歓迎、金大中大統領は国民に「ただいま」とあいさつした。

「尊敬し、愛する国民の皆さん、歴史的な北訪問の仕事を大過なく終え、ただいま帰国しました。私がこのように任務を遂行できるよう、夜も寝ないで声援を送ってくださった国民の皆さんに、心から感謝せずにはおれません。

私たちにもいよいよ新しい夜明けがやってきたようです。五五年間の分断と敵対に終止符を打ち、民族史に新たな転機を開くことができる、そのような時点に私たちは至ったようです。今回の私の北訪問が、朝鮮半島の平和、南北間の交流と協力、そしてわが祖国が統一に向かう道をならすうえでの第一歩になってくれたら、それに勝る幸せはありません」

空港いっぱいに、「我々の願いは統一」「希望の国へ」が鳴り渡った。

金大中大統領、日本公式訪問

金大中大統領は、一九九八年一〇月、国賓として日本を訪問した。日本訪問に際し、金大統領は「韓国と日本が不幸な過去の出来事を整理し、真心からの未来のパートナーとして生まれ変わるきっかけを作りたかった」と所感を述べた。両国の二〇世紀の歴史に刻まれた怨恨と傷口を二一世紀にまで引きずるべきではないという思いだった。

日本では、金大中大統領の訪問に関心が高かった。一九七三年に日本で拉致され、もしかしたら殺されていたかもしれない人間が大統領になって訪日したのだ。メディアは金大中の半世紀の歴史に焦点を当てて、報道は熱を帯びた。

東京到着初日、金大統領夫妻は天皇皇后両陛下を表敬訪問した。続いて明仁天皇主催の

日本公式訪問の際、宮中晩餐会に出席して明仁天皇と乾杯する金大中大統領。
写真　共同通信社／ユニフォトプレス

宮中の豊明殿《ほうめいでん》で開かれた晩餐会に出席。その時、雅子皇太子妃（現皇后）から「ハーバード大学で大統領の演説を聞いたことがあります」と言われた。亡命生活を送りながらハーバード大学国際問題研究所研究員として活躍していた一九八三年のことだろう。同じキャンパス内で研究に励んでいたという親近感がわいたのか、大統領は天皇陛下に話しかけた。

「天皇陛下、皇太子夫妻は見た目にも素晴らしいカップルです」

天皇陛下は晩餐の辞で、日本と韓国の歴史的な関係に言及した。

「貴国の文化は我が国に大きな影響を与えてまいりました。8世紀に我が国で書かれた歴史書、日本書紀からは様々な交流の跡がうかがえます。

その中には、百済の阿花王、我が国の応神天皇の時、百済から、経典に詳しい王仁が来日し、応神天皇の太子、菟道稚郎子《うじのわきいらつこ》に教え、太子は諸典籍に深く通じるようになったことが記されています。（中略）また、仏教も伝来しました。貴国の多くの人々が我が国の文化の向上に尽くした貢献は極めて大きなものであったと思います。

このような密接な交流の歴史のある反面、一時期、我が国が朝鮮半島の人々に大きな苦しみをもたらした時代がありました。そのことに対する深い悲しみは、常に、私の記憶にとどめられております」（宮内庁ホームページ「主な式典におけることば」平成一〇年一〇月七日）

明仁天皇は晩餐会後の懇談で、日本と韓国は一衣帯水の関係であったと話し、両国間にある日本海は帯一本に過ぎなかったことを強調された。

美智子皇后が大統領に声をかけた。

「大統領には、長い苦難の歳月を送られたというのに、非常に穏健な哲学と強い信仰と希望を失わない生活を送っておられるようです」

「過分なお言葉です。私はもともと、勇気があるというよりは臆病な人間です」

と金大中は言い、勇気を与えてくれたものは、クリスチャンとしての信仰であり、もう

「21世紀に向けた新たな日韓パートナーシップ」という共同宣言に合意した小渕総理と金大中大統領。　写真　共同通信社／ユニフォトプレス

一つは、歴史に対する信仰ですと答えていた。

小渕恵三・金大中共同宣言

一〇月八日、小渕恵三首相との首脳会談が行なわれた。金大統領は両国に横たわってきた根本的な問題について言及した。

「日本の総理が会談で過去について反省と謝罪を表明しても、そのすぐ後から閣僚や与党の指導者が、それとは正反対の突出した発言をすることがありました。そのようなことを韓国から見ると、日本の総理はうわべで謝罪しているだけで、本心はそうではないという誤解をすることになります。言論の自由があるので日本国民のなかにも、いろいろな意見があり得ます。しかし、少なくとも政府与党からだけは突出発言が出てはなりません」

このような金大統領の指摘に小渕首相は、不信がまた不信を呼ぶ悪循環を断ち切らなければならないということで同意した。

金大中大統領と小渕首相は、首脳会談で合意した「21世紀に向けた新たな日韓パートナーシップ」という共同宣言を発表した。

「小渕総理大臣は、今世紀の日韓両国関係を回顧し、我が国が過去の一時期韓国国民に対し植民地支配により多大の損害と苦痛を与えたという歴史的事実を謙虚に受けとめ、これに対し、痛切な反省と心からのお詫びを述べた」

「金大中大統領は、かかる小渕総理大臣の歴史認識の表明を真摯に受けとめ、これを評価すると同時に、両国が過去の不幸な歴史を乗り越えて和解と善隣友好協力に基づいた未来志向的な関係を発展させるためにお互いに努力することが時代の要請である旨表明した」

日本政府が「植民地統治に対する痛切な反省とお詫び」を初めて外交文書に書き込み、また韓国という国名を直接明記したところに意味があったと金大中大統領は評価した。

共同宣言には次のような内容が続く。

金大中大統領は、韓国において日本文化を開放していくとの方針を伝達し、小渕総理は日韓両国の真の相互理解につながるものとして歓迎した（日本の大衆文化を韓国市場で開放することについて、韓国国内では、競争力がなく、文化植民地になるとして憂慮する意見が強いなか、輸入しないということは輸出もできないということになると金大統領は考え、グローバリゼーションを先読みしての判断を行なった）。

両首脳は、諸分野における両国間の協力を効果的に進めていくうえでの基礎は、政府間交流にとどまらない両国国民の深い相互理解と多様な交流にあるとの認識の下で、両国間の文化・人的交流を拡充していくことについて意見の一致を見た。

さらに、二〇〇二年サッカー・ワールドカップの成功に向けた両国国民の協力を支援し、ワールドカップの開催を契機として、文化およびスポーツ交流をいっそう活発に進めていくこととした。また、研究者、教員、ジャーナリスト、市民サークル等の多様な国民各階層および地域間の交流の進展を促進することでも意見が一致した。

参議院本会議場で、五二七人の衆参両院議員の出席者の前で金大中大統領は演説した。この時、小渕首相はじめ元首相五人とその夫人、閣僚や議員の夫人までもが出席した。この日の演説はＮＨＫで全国に生中継され、金大統領はまず、日本政府と日本国民に感謝のあいさつを述べた。

「二五年前の東京での拉致事件や一九八〇年の死刑宣告など、民主化闘争の過程で生命を失いかけた私がいま、大韓民国の大統領としてこの席に臨んでみますと、感無量な心情を禁じ得ません。私は、私の生命と安全を守ってくださるため、長い期間にわたって努力を惜しまれなかった日本国民と言論、そして日本政府のご恩を決して忘れることができません」

「奇跡は、奇跡的に訪れるものではありません。韓国の民主化、特に憲政史上初の平和的政権交代は、韓国国民の血と汗によって実現した奇跡であります。わが国民と私は、このようにして手に入れた尊い民主主義を揺るぎなく守り抜く考えであります」

「韓日両国は過去を直視しながら、未来志向的な関係を築いていくべき時を迎えました。過去を直視するということは、歴史的事実をありのままに認識することであり、未来を志向するということは、認識した事実から教訓を得て、よりよい明日を一緒に模索するという意味であります。日本には過去を直視して歴史を恐れる、真の勇気が必要であり、韓国は、日本の変化した姿を正しく評価しながら、未来の可能性に対する希望を見出す必要があります」

演説に対して議員たちから力強い拍手が起きる。金大統領の演説は多くの人たちの記憶に残り、何かにつけて話題となっていた。

その後、小渕首相主催の晩餐会が開かれ、小渕首相は金大統領が歩んできた道に深い洞察を加えながら、あいさつした。

「大統領閣下には、日韓国交正常化当時、韓国国会で正常化に反対する人々が数多くいるなかで勇気を持って正常化に賛成され、両国の国民レベルでの親善と理解の必要性を訴えられました。今日および未来の日韓関係はこの一九六五年の歴史的決断なくして語り得ません。

私は閣下におかれて、その劇的とも言える波瀾万丈の政治経歴において、人権と民主主義の前進のために文字通り〝行動する良心〟として幾多の苦悩と困難を、限りない勇気と確固たる信念を持って乗り越えてこられたことに心から敬意を表するものであります」

翌一〇月九日朝、金大統領は拉致事件や死刑宣告を受けた時など、苦しい時に支援してくれた古い友人たちを迎賓館に招待した。田英夫参議院議員、佐々木秀典衆議院議員、土井たか子社民党党首、村山富市元首相、河野洋平元自民党総裁、岡本厚『世界』編集長、作家の大江健三郎などが集まって懇談した。

その後、天皇皇后両陛下が別れのあいさつに迎賓館を訪ねてきた。金大統領は天皇陛下に韓国訪問を正式に招請し、天皇陛下は招請に深く感謝すると答えた。訪韓が実現すれば、両国の関係はますます成熟するだろうが、いまだに実現されていない。

さらに、金大統領は日本の政界指導者を招いて昼食をともにした。中曽根康弘、竹下登、橋本龍太郎、村山富市、羽《は》田孜《たつとむ》、海部俊樹の首相経験者六人と、菅直人《かんなおと》民主党代表、小沢一郎自由党党首、土井たか子社民党党首ら党代表五人が出席した。韓国側からは朴泰俊自民連総裁、申鉉碻元総理、金守漢元国会議長らが参加した。

その中でも、土井たか子社民党党首の言葉が金大統領の印象に残っているという。

「考えてみれば、一九七三年八月から二五年になります。その間を振り返ってみる時、金大統領の今回の訪日は、本当に感慨無量です。私にとってはこの二五年間、いろいろなことが起きるたびに、くじけてはいけないと、むしろ激励してくださった方が金大中大統領であったと思います。

それとともに昨日、『奇跡は、奇跡的に訪れない』と言われましたが、これは本会議場の演説の中で、一つの名言として残るだろうと私は思います。二五年の歳月、どんなことがあっても初心を忘れることなく、あらゆる努力をするという、私たち政治家としてぜひとも持つべき姿勢を教えてくださったと思います」

金大中大統領は帰国すると、日本の大衆文化の韓国での開放を推進した。

筆者が見た金大中の素顔

金大中は韓国現代政治において歴史的に記録されるべき多くの痕跡を残した。民主化過程の激動の時代に辛酸をなめながら、先駆者として、時には犠牲者として、与えられた役割を果たした。軍事独裁政権に反対し抵抗したことで殺されかけたこと五回、獄中生活は六年ほど、自宅監禁や亡命生活は一〇年以上。波瀾万丈の人生だった。あらゆる弾圧にも屈することなく、いつか日の目を見ると信じ、活動を続けた結果、大統領にまで上りつめた人物だ。

日本や米国などでの亡命生活中でも、各界の著名人と交流し、海外同胞たちとともに、民主化活動を続け、彼が拉致された時や内乱陰謀罪などで死刑宣告を受けた時は、世界中の著名人や知人たちが「金大中を殺すな」と声を上げていた。

金大中は、既存の冷戦的思考による対北朝鮮政策を転換し、南北の和解と協力による平和的な統一を志向する「太陽政策」を推進、南北首脳会談を呼びかけ、分断後初の首脳会談を実現した。さらに、日韓関係改善のための歴史的な文書「21世紀に向けた新たな日韓パートナーシップ」を発表して、新時代の日韓パートナーシップ構築に努めた。この金大中・小渕共同宣言は、日韓関係における歴史的な文書として評価されている。

その流れで、韓国が日本の大衆文化を開放することにより、「日流ブーム」と「韓流ブーム」が起きた。日本と韓国を往来する人は年間一〇〇〇万人を超えるようになり、両国民の交流は拡大している。この交流のきっかけをつくったのが金大中大統領の大衆文化開放だ。

二〇〇〇年一〇月一三日、ノーベル委員会は、金大中をノーベル平和賞受賞者として発表した。選定理由として、韓国と東アジアの民主主義と人権の伸長、および北朝鮮との和解と平和に寄与したこと、韓国と周辺国、特に、日本との和解への寄与を挙げている。ノーベル委員会は、数十年間にわたる権威主義体制の下での生命への威嚇と長期間の亡命生活にもめげず、韓国民主主義の代弁者として活動したことを高く評価したのだ。

金大中は三度の大統領選挙で失敗し、その経験から、保守と進歩、慶尚道と全羅道の地域対立の構造がある限り勝利は難しいと判断していた。そのため、一九九七年の大統領選では、忠清道を地盤とする保守系の金鍾泌と政策協定を結んで当選し、建国以来初めて与野党間の政権交代を成し遂げた。

そのような経験から、最側近の国会議員で、故郷の後輩でもある韓和甲ではなく慶尚道出身の盧武鉉を後継者に選択した。このことについては前述したが、驚くべきことに、金大中には盧武鉉の前に、政敵朴正煕の娘を大統領にしようという構想があった。金大中は大統領在任中に朴槿恵を国家指導者に育成し、地域感情、イデオロギーの葛藤、政治報復を清算しようという一大プロジェクト『一級秘密〝グランドプラン〟』を推進していたというのだ。

金大中は、政治の先進化と南北平和統一の実現のためには、地域感情とイデオロギーの壁を乗り越えなければならない。それには、大統領の既得権を捨て、国家と民族の将来に向けて、容赦・和解・包容の大乗的な見地に立たなければならないと言って、慶尚道出身で、全斗煥政権、盧泰愚政権、金泳三政権（共に慶尚道出身）の三政権において党代表など要職を務めた金潤煥《キムユンファン》に極秘に会談を持ちかけて、プロジェクト構想を説明して協力を要請した。

金潤煥は現職大統領が真摯に語りかけている態度に感銘し、側近に実務を担当させ、プロジェクトを準備した。ところがこの時、朴槿恵がハンナラ党の大統領予備選挙に参加しなかったために、このプロジェクトは未完のままに終わった。

　しかし、朴正熙がこの世を去って二五年後の二〇〇四年八月、朴正熙の長女・朴槿恵が金大中を訪問した。金大中は野党ハンナラ党代表の朴槿恵の訪問を温かく迎え、心を開いて朴槿恵の手を握った。朴槿恵は「父の時代、いろいろと被害に遭われ、苦労されたことを娘としてお詫び申し上げます」と、謝った。金大中にとって本当にありがたい言葉だった。「世の中にはこんなこともあるんだなあ」と思いながら、朴正熙が生まれ変わって和解の握手を求めてきたようだったとうれしさを隠せなかった。また、朴槿恵は金大中が大統領在任中に朴正熙記念館設立を決定したことについて感謝の意を表した。記念館設立は厳しい国民感情の中での判断だったが、金大中は迫害を受けた当事者だから許されたのだった。

終章　新しい日韓関係の構築をめざして

二〇二三年一〇月一三日、韓国南西部木浦市にある児童福祉施設「木浦共生園」設立九五周年記念式典に尹錫悦大統領が出席し、祝辞を述べた。韓国大統領が木浦共生園を訪れるのは初めてのことだ。尹大統領の共生園訪問の話を伝え聞いた岸田文雄首相も祝辞のメッセージを寄せ、衛藤征士郎衆議院議員・日韓議員連盟会長代行が代読した。民間施設の記念行事において日韓両国首脳が揃《そろ》って、祝辞を述べることは異例のことである。

一九二八年、尹致浩《ユンチホ》というキリスト教伝道師が七人の孤児を連れて帰り、共に暮らし始めた児童養護施設が木浦共生園の始まりだ。高知県生まれの田内千鶴子（韓国名：尹鶴子《ユンハクジャ》）は朝鮮総督府官吏だった父親に連れられ、七歳の時に木浦に渡った。母親は熱心なキリスト教徒の助産師。千鶴子は女学校を卒業し、木浦貞明女学校の音楽教師をしながら、木浦共生園でボランティア活動をしていた。その頃、尹致浩とともに働きながら親しくなり、

木浦共生園九五周年記念式典に出席した尹錫悦大統領（前列左から三番目）。左端は衛藤征士郎衆院議員。
写真　木浦共生園提供

二人は結婚して共生園を共同運営した。

一九四五年八月、日本の敗戦によって韓国は日本の植民地支配より解放された。若い二人にとっては過酷な試練だった。尹致浩は妻が日本人だということだけで迫害された。だが、暴徒が押しかけてきた時、「僕たちのお父さん、お母さんに手を出すな！」と園児たちが泣きながら抗議して守ってくれたという。

一九五〇年、朝鮮戦争が勃発し、経済的に困窮極まる時に、尹致浩は五〇〇人を超える園児たちの食糧を調達するために出かけたが、そのまま戻らなかった。千鶴子は行方不明になった夫の遺志を継ぎ、夫の代わりに献身的に子どもたちを育て続けた。

千鶴子は日本人であるがゆえに、虐《いじ》められ

木浦共生園に生涯を捧げ、韓国で孤児三千人を育てた田内千鶴子さん（後列左から二番目）。
写真　共同通信社／ユニフォトプレス

ることもあったが、韓国人になり切って、尹鶴子としてチマ＝チョゴリ姿で園児たちのオモニ（母）であり続けた。千鶴子はおよそ三〇〇〇人の戦争孤児をわが子のように世話した。

千鶴子の献身的な共生園の運営に木浦市民だけでなく、韓国政府も感激し、創立二〇周年の時、記念碑が建てられ、政府からも数多くの感謝状や表彰状が送られた。また、韓国最高の賞「大韓民国文化勲章」も授与された。

園児たちの世話で疲れ切った千鶴子は五六歳の若さで生涯を閉じる。死の直前、普段は韓国語だけしゃべる千鶴子が、長男・尹基《ユンキ》（日本名：田内基《もとい》）に「梅干しが食べたい」と言った話は、日韓合作映画『愛の黙示録』として制作され、日韓両国で上映された。この映画は日本の大衆文化韓国解禁第一号作品となった。つまり、『愛の黙示録』が韓流・日流ブームの先駆けとなったのである。

葬儀は木浦市民葬として木浦駅前広場で行なわれた。葬儀には三万人の木浦市民が集まって涙で見送ったという。当時の新聞は「お母さん！　幼い私たちを置き去りにしてどこに行かれるのですか？　孤児たちの泣き声に港町木浦が泣いた」（『朝鮮日報《チョソンイルボ》』一九六八年一一月三日）と報道した。共生園で育った一七歳の少年の追悼の言葉を紹介しよう。


日本に故郷を持っていながら、言葉も風俗も違うこの国に、あなたは何のためにいらっしゃいましたか。

四十余年前、弾圧政治が続いていた日本時代に、泣きながらひもじさを訴えていた孤児たちを集めて、あなたは学園をつくりました。そして自分の手でご飯をたいて、子供たちに食べさせました。

着物のない者には着物を作ってやりました。

孤児と乞食の間で、骨身を惜しまず、世話をしてくださったお母さん！

あらゆる苦難を乗り越えて、あなたは誰もまねのできないようなキリスト精神に生きられたのを、私たちがどうして忘れましょう！

（中略）

あなたの韓国語はたどたどしいものでした。

でも、その声、お母さんの体臭、愛で一杯だったあなたの目を、今どこで探せばいいのでしょう。お母さん！

（『愛の黙示録』田内基・著、汐文社、一九九五年）

田内千鶴子の生涯に関する話を共生福祉財団の尹基会長から聞いた尹錫悦大統領が千鶴子の生き様に感動し、木浦共生園訪問となった。尹大統領は記念式典に先だち、共生園記念館を訪れ、「愛と献身の共生園　韓日両国の友情の象徴」と書き残した。

尹大統領は記念式典の祝辞において、共生園の設立者・尹鶴子の功績を称賛し、「日本出身の尹鶴子さんは国境を越えて、韓国の子どもたちをわが子のように育てた『韓国孤児のオモニ』だった。尹鶴子さんの愛情は韓日両国民の心を動かした」と述べるとともに、「共生園が私たちの社会から疎外されている人たちを守るために先頭に立ち、韓日両国友情の象徴として、さらなる発展を願う」と、エールを送った。

そして、尹大統領は、共生園で孤児を育てる様子を見ながら木浦で活動していた金大中大統領と、共生園の活動をよく把握していた小渕恵三首相という二人のめぐり合わせによって、「韓日パートナーシップ共同宣言」が誕生したのではないだろうかと話した。そうすると、「金大中・小渕共同宣言」のルーツは木浦共生園ということになるとも述べた。

岸田首相は、「共生園は日韓国民間での温かい交流の象徴のような場所です。言葉や文化は違えど、お互いを信頼し合えば強い絆《きずな》が生まれ、引き継がれ、語り継がれていく。共生園と田内千鶴子さんは、そのような人と人との交流の美しさ、力強さを我々に教えてくれました」と述べ、「共生園のような先人の足跡に改めて思いを馳《は》せ、日韓がパートナーとして、新しい時代を切り開くべく、私自身努力していきたい」とのメッセージを寄せた。

そのきっかけとなったのが、二五年前に金大中大統領と小渕恵三首相が発表した「日韓パートナーシップ共同宣言」だ。この宣言は、日韓関係において教科書的な文書として受け止められている。

金大中は少年時代から木浦で暮らしていたから、共生園のことは知り尽くしていた。若き政治家として政治活動している時も、しばしば共生園を訪れ、愛情あふれる献身的な千鶴子の母親としての働きぶりに感銘を受け、激励していた。

他方、小渕恵三は二〇〇〇年三月、田内千鶴子が生前、「梅干しが食べたい」と話したことに感銘し、首相在職中に梅の木二〇本を共生園に寄贈し、いずれ訪問したいと約束したが、果たせず、病に倒れ永眠した。小渕夫人の千鶴子さんが、二〇〇八年一〇月、共生園八〇周年記念行事に参加し、小渕恵三が果たせなかった約束を代わりに実現した。

木浦共生園は、孤児とともに共生園で生活し、献身的に福祉活動をしていた母・千鶴子の背中を見ながら育った尹基が、両親の遺志を継ぎ、社会福祉事業としてさらに発展させた。韓国では、木浦、済州島などに一一カ所の児童養護施設および障害者施設がある。日本でも、一九八八年に社会福祉法人こころの家族を設立し、在日韓国人などを対象とした老人ホーム「故郷の家」を運営している。「故郷の家」は、韓国人と日本人がキムチと梅干しを食べられる日韓共生の高齢者施設だ。大阪府堺市をはじめ、大阪、神戸、京都、東京の五カ所に設置されている。「故郷の家」は日韓交流の場、共生の場である。

このように見ると、木浦共生園が韓国と日本をつなぐ福祉施設として、日韓両国において活動し、民間の交流を進めてきた成果として、日韓両首脳を結ぶ架け橋の役割を果たしたことが分かる。金大中と小渕恵三をつないだのは、愛情と献身で韓国の戦争孤児を育て上げた日本人女性田内千鶴子であり、二〇二三年の木浦共生園設立九五周年記念行事を通じて、尹錫悦大統領と岸田文雄首相の信頼関係をより強固なものにしたのも田内千鶴子の存在であった。両首脳は新しい日韓関係を模索していると聞く。金大中・小渕共同宣言から二五年経った。しかし、その後の日韓関係が順調に進んでいるとは言えない。また、時代は日進月歩で進行している。東アジアをめぐる国際関係も大きく変動し、日本と韓国の国際社会における役割もますます重要となっている。

このような時代背景の中で、日韓両国は時代の変化に対応し、一〇年、二〇年後を先取りした、新しい「未来志向」の関係構築が求められている。まず、首脳間のシャトル外交を通しての信頼関係の構築であり、さまざまなレベルでの交流を通じての相互理解と協力による共生への道を切り開くことであろう。政治指導者だけでなく、国民各層の幅広い交流を通じて親交を深め、相互理解と相互尊重による信頼関係の醸成が必要である。

日本と韓国は自由民主主義と市場経済という共通の価値観を持っている。東アジアの平和と安定という大きな枠組みの中で、日本と韓国の共生は東アジア地域の平和と繁栄につながり、最も重要な両国の国益に資するものと考える。

おわりに

本書は、軍事政権に反対する民主化運動の中で起きたさまざまな事件に焦点を当て、公表された秘密文書や関係者の証言などをもとに事実関係を検証、その民主化運動が韓国現代政治史に及ぼした影響について考察してきた。

民主化によって公文書が公開されるようになり、軍事独裁政権時代に情報機関が行なってきたような不法行為はできなくなった。これは政権交代がもたらした成果であろう。だが、国家情報院過去事件真実糾明発展委員会（真実委）が作成した報告書も完全とは言えない。その作業には任意聴取や日本側の非協力などの限界があったからだ。

日本の公文書管理法の産みの親とも言える福田康夫元首相は、「国家として歴史の事実の記録をきちんと残していく。それは当然のことです。事実を知ることは民主主義の原点、民主国家の義務です」と述べ、「小さい事実、歴史の記録の一つ一つがお城の石垣のように積み上がって国家を形づくっている。その石垣が公文書です」と『朝日新聞』とのインタビューで話している（二〇二四年三月二六日付）。これは安倍政権下で公文書が改ざん、隠蔽されたことを受け、「石垣」が揺らぎつつあることを危惧した発言だろう。

国際ＮＧＯ「国境なき記者団」による「報道の自由度ランキング」が二〇二四年五月三日に発表され、日本は調査対象の一八〇カ国・地域の中で七〇位と、前年より二つランクを下げたが、五〇年前の韓国は、金大中事件について、新聞は一切報道できず、アナウンサーはひと言もしゃべれなかった。情報部員が報道機関に常駐し、事前検閲する時代だったため、多くの事件が断片的に報道されるだけだったのだ。

本書で引用した『金大中事件最後のスクープ』の著者で『毎日新聞』の元記者である古野喜政氏が、当時、金大中拉致の記事を本社へ送稿するため、大使館からソウル支局に急いで戻ろうとした時、『朝鮮日報』のある局長（すご腕の事件記者出身）に会社近くで出会った。同じ建物の中で仕事する関係上、目礼するだけの間柄の人だったが、盗聴や密告が日常的な時代だったので、人混みの中で「ごくろうさんですが、できるだけ正確な記事をできるだけたくさん送ってください」「ご存じの通り、私たちは、今、現代史を持っていません。いつの日か、歴史を書かなければならないでしょう。その時、あなたが今日送る記事が、資料として必要になるのです。がんばってください」と言ってきたという。その言葉を聞き、古野氏は新聞記者の役割を改めて痛感したそうだ。

その古野氏は、任期を終えていよいよ帰国しようという前日、金大中の秘書である韓和甲がやってきて、金大中夫人が会いたいと言っていると伝えられた。金大中は三週間前に逮捕されていたので、夫人には帰国のあいさつを済ませていたのに何だろうと自宅に行くと、夫人の李姫鎬《イヒホ》が「古野さん、南山（中央情報部）が明日、空港であなたを逮捕すると言っています。主人（金大中）が世界への最後のメッセージを録音したテープをあなたに託し、それをあなたが明日持ち出すと言うのです」と言う。

金大中が情報部の中に情報源を持っていることは知っていたので、この話は本当だと思った古野氏は、そんなテープは預かっていなかったが、取材メモのようなテープがあったので不安になり、その足で日本大使館に西山昭大使を訪ねて、その話を伝えた。西山大使は、「危ないね。テープは私の方で送ってあげましょう。念のため館員を空港に出します」と言ってくれた。

帰国当日、金浦空港には多くの友人、知人が来て見送ってくれたが、彼らから見えないところで、古野氏は数人の男に取り囲まれた。そこに日本大使館の武官など五人が来て、

「なにをするのか」と古野氏を引き離し、搭乗が始まっていた日航機に乗せてくれたという。(『金大中事件の政治決着』古野喜政・著)

韓和甲によれば、古野氏の取材資料は日本大使館の外交行嚢で運ばれた。

当時はこのような国だったが、韓国は民主化の実現によって、政権交代が行なわれ、歴史的な事件の真相究明を求める世論に応えて、政府当局は調査に着手、政府保存の公文書から多くの事実が明らかになった。それによって、本書が企図した歴史の検証が可能となった。つまり、韓国では朴正熙から始まる軍事独裁政権下でも資料が残されていたから歴史の真相が明らかになったのである。

翻って今の日本では、仮に政権交代が起こっても、過去の政権で行なわれた事実の記録がきちんと残されていないとすれば、健全な政治ができるのか疑問である。安倍政権時に言われた公文書の改ざん、隠蔽、破棄などは、当然、民主主義国家ではあってはならないことであり、歴史に対する反逆行為であると言わざるを得ない。

韓国は曲がりなりにも民主化を実現し、進展させ新しいことに挑戦している。急ぐあまり失敗もあるが、そのエネルギーを有効に活用し、経済・文化的に大きな発展を成し遂げた。しかし、それでも党利党略で政争に明け暮れたり、有効な政策を打てなければ、国民が新しい指導者を求めることは、これまでの大統領の変遷を見れば明らかだ。

これに対して、戦後復興をいち早く成し遂げ、アジア唯一の先進国としてGDP（国内総生産）で世界第二位の経済大国となった日本が、現在は第四位に落ちている。アジアにおける民主主義国家の模範だった日本の現在の政治状況を見ると、果たしてこれで良いのかと心配になる。

政治に対するダイナミズムの差は、本書で示したように、民主化を自ら勝ち取った韓国人の自負と自信があるからだろうが、そこには二度と指導者の思い通りにはさせないという決意があるように思える。果たして日本国民は今の政治に対して、どのような行動を起こすのであろうか。日韓の民主主義に対する姿勢の違いを、本書から感じとってもらえれば幸いである。

本書刊行にあたり、企画から構成や内容、編集および校閲に至るまで一手に引き受けてくださった集英社新書編集部の東田健編集長に感謝しなければならない。東田さんの忍耐とご尽力がなかったら、本書は日の目をみることはなかった。さらに、原本にあたり細かいところまでチェックしてくださった校閲さんにも感謝申し上げる次第である。二人のご協力のお陰で新書らしい本になったと考える。重ねてお礼を申し述べたい。

二〇二四年六月一〇日

永野慎一郎

参考文献

李英喜「冷戦変容期における日本の対韓外交――金大中拉致事件と朴正煕大統領狙撃事件を中心に」『慶應義塾大学大学院法学研究科論文集』第五二号、慶應義塾大学法学研究会、二〇一二年

李鎮江『李鎮江自叙伝　80年一筋』ナナム、韓国語、二〇二二年

イ・テホ『一級秘密・グランド・プラン』エムエスブックス、韓国語、二〇一二年

環太平洋問題研究所編『韓国・北朝鮮総覧１９９３』Vol.3、原書房、一九九三年

環太平洋問題研究所編『韓国・北朝鮮総覧２００２』Vol.4、原書房、二〇〇二年

金大中『金大中　自叙伝、１』サムイン、韓国語、二〇一〇年

金大中『金大中　自叙伝、２』サムイン、韓国語、二〇一〇年

金大中／波佐場清・康宗憲訳『金大中自伝Ⅰ　死刑囚から大統領へ――民主化への道』岩波書店、二〇一一年

金大中／波佐場清・康宗憲訳『金大中自伝Ⅱ　歴史を信じて――平和統一への道』岩波書店、二〇一一年

金大中『独裁と私の闘争』光和堂、一九七三年

大韓民国外務部外交文書『金大中拉致事件、１９７３年、事件をめぐる韓日間の外交交渉及び捜査協力、8～9月』（韓国語）

同『金大中拉致事件、１９７３年、事件をめぐる韓日間の外交交渉及び捜査協力、10～11月』（韓国語）

同『金大中拉致事件、１９７４年、金大中問題に関する韓日間の外交交渉』（韓国語）

同『金大中拉致事件、1975年、金大中問題に関する韓日間の外交交渉』（韓国語）
同『朴正熙大統領狙撃事件、1974年8月15日』全一五巻（韓国語）
金泳三／尹今連監訳『金泳三回顧録』第三巻、九州通訳ガイド協会、二〇〇二年
金忠植『第五共和国　南山の部長たち1――権力、その致命的な誘惑』東亜日報社、韓国語、二〇二二年
金忠植『第五共和国　南山の部長たち2――権力とともに踊る』東亜日報社、韓国語、二〇二二年
金忠植／鶴眞輔訳『実録KCIA――南山と呼ばれた男たち』講談社、一九九四年
高祐二『われ、大統領を撃てり――在日韓国人青年・文世光と朴正熙狙撃事件』花伝社、二〇一六年
国家情報院過去事件真実糾明発展委員会『過去と対話　未来の省察――主要疑惑事件編、上巻Ⅱ（金大中拉致事件真実糾明）』韓国国家情報院報告（韓国語）、二〇〇七年
国家情報院過去事件真実糾明発展委員会『過去と対話　未来の省察――主要疑惑事件編、下巻Ⅲ（大韓航空機爆破事件真実糾明）』韓国国家情報院報告（韓国語）、二〇〇七年
五味洋治「文世光事件　朝鮮総連関与の機密文書」『文藝春秋』二〇一〇年一〇月号
池明観「インタビュー　金大中大統領の誕生が意味するもの――経済改革、南北、日韓」『世界』一九九八年三月号、岩波書店
世界編集部「ドキュメント・激動の南北朝鮮――経済危機に立ち向う金大中氏」『世界』一九九八年三月号、岩波書店
全南社会運動協議会編『新版　全記録　光州蜂起80年5月――虐殺と民衆抗争の10日間』光州事件調査委員会訳、柘植書房新社、二〇一八年

鄭周永『試練はあっても失敗はない――私の生き方と理想』現代文化新聞社、韓国語、一九九二年
趙甲済『朴正熙の最後の一日――10・26、その日の真実』月刊朝鮮社、韓国語、二〇〇五年
趙甲済／裵淵弘訳『朴正熙、最後の一日――韓国の歴史を変えた銃声』草思社、二〇〇六年
趙甲済／池田菊敏訳『北朝鮮女秘密工作員の告白――大韓航空機爆破事件の隠された真実』徳間文庫、一九九七年
毎日新聞社編『金大中事件全貌』毎日新聞社、一九七八年
森康郎『韓国政治・社会における地域主義』社会評論社、二〇一一年
朴永圭『一冊で読む大韓民国大統領実録』ウンジンチシクハウス、韓国語、二〇一四年
朴永圭／金重明訳『韓国大統領実録』キネマ旬報社、二〇一五年
古野喜政『金大中事件の政治決着』東方出版、二〇〇七年
古野喜政『金大中事件最後のスクープ』東方出版、二〇一〇年
羅鍾一／永野慎一郎訳『ある北朝鮮テロリストの生と死――証言・ラングーン事件』集英社新書、二〇二一年

図版レイアウト／ＭＯＴＨＥＲ

永野慎一郎（ながの　しんいちろう）

一九三九年、韓国生まれ。早稲田大学大学院政治学研究科修了、英国シェフィールド大学Ph.D.、大東文化大学名誉教授、NPO法人東アジア政経アカデミー代表などを歴任。著書に『アジア人物史　第11巻　世界戦争の惨禍を越えて』（共著、集英社）、『「利他」に捧げた人生――ある在日実業家の生涯』（明石書店）、訳書に『ある北朝鮮テロリストの生と死　証言・ラングーン事件』（羅鍾一、集英社新書）など。

秘《ひ》密《みつ》資《し》料《りょう》で読《よ》み解《と》く　激《げき》動《どう》の韓《かん》国《こく》政《せい》治《じ》史《し》

集英社新書一二二四D

二〇二四年七月二二日　第一刷発行

著者……永《なが》野《の》慎《しん》一《いち》郎《ろう》

発行者……樋口尚也

発行所……株式会社集英社

東京都千代田区一ツ橋二-五-一〇　郵便番号一〇一-八〇五〇

電話　〇三-三二三〇-六三九一（編集部）

〇三-三二三〇-六〇八〇（読者係）

〇三-三二三〇-六三九三（販売部）書店専用

装幀……原　研哉

印刷所……大日本印刷株式会社　TOPPAN株式会社

製本所……加藤製本株式会社

定価はカバーに表示してあります。

ISBN 978-4-08-721324-9 C0222

a pilot of wisdom

a pilot of wisdom

国家と記録　政府はなぜ公文書を隠すのか？　瀬畑　源
水道、再び公営化！　欧州・水の闘いから日本が学ぶこと　岸本聡子
改訂版　著作権とは何か　文化と創造のゆくえ　福井健策
朝鮮半島と日本の未来　姜　尚中
人新世の「資本論」　斎藤幸平
国対委員長　辻元清美
アフリカ　人類の未来を握る大陸　別府正一郎
〈全条項分析〉日米地位協定の真実　松竹伸幸
日本再生のための「プランB」　兪　炳匡
新世界秩序と日本の未来　内田　樹／姜　尚中
世界大麻経済戦争　矢部　武
中国共産党帝国とウイグル　橋爪大三郎／中田　考
安倍晋三と菅直人　尾中香尚里
ジャーナリズムの役割は空気を壊すこと　森　達也／望月衣塑子
代表制民主主義はなぜ失敗したのか　藤井達夫
会社ではネガティブな人を活かしなさい　友原章典
自衛隊海外派遣　隠された「戦地」の現実　布施祐仁

北朝鮮　拉致問題　極秘文書から見える真実　有田芳生
アフガニスタンの教訓　挑戦される国際秩序　山本忠通／内藤正典
原発再稼働　葬られた過酷事故の教訓　日野行介
北朝鮮とイラン　福原裕二／吉村慎太郎
歴史から学ぶ　相続の考え方　神山敏夫
非戦の安全保障論　柳澤協二／伊勢﨑賢治／加藤　朗／林　吉永
西山太吉　最後の告白　西山太吉／佐高　信
日本酒外交　酒サムライ外交官、世界を行く　門司健次郎
日本の電機産業はなぜ凋落したのか　桂　幹
ウクライナ侵攻とグローバル・サウス　別府正一郎
日本が滅びる前に　明石モデルがひらく国家の未来　泉　房穂
イスラエル軍元兵士が語る非戦論　ダニー・ネフセタイ
戦争はどうすれば終わるか？　柳澤協二／伊勢﨑賢治／加藤　朗／林　吉永
全身ジャーナリスト　田原総一朗
自壊する欧米　ガザ危機が問うダブルスタンダード　内藤正典／三牧聖子
誰も書かなかった統一教会　有田芳生
自由とセキュリティ　杉田　敦

集英社新書　好評既刊

歴史・地理——D

日本人の魂の原郷 沖縄久高島　比嘉康雄
沖縄の旅・アブチラガマと轟《とどろき》の壕　石原昌家
アメリカのユダヤ人迫害史　佐藤唯行
ヒロシマ——壁に残された伝言　井上恭介
英仏百年戦争　佐藤賢一
死刑執行人サンソン　安達正勝
僕の叔父さん 網野善彦　中沢新一
反米大陸　伊藤千尋
陸海軍戦史に学ぶ 負ける組織と日本人　藤井非三四
在日一世の記憶　小熊英二 姜尚中 編
江戸・東京 下町の歳時記　荒井 修
日本人の坐り方　矢田部英正
江戸っ子の意地　安藤優一郎
人と森の物語　池内 紀
ローマ人に学ぶ　本村凌二
北朝鮮で考えたこと　テッサ・モーリス-スズキ

司馬遼太郎が描かなかった幕末　一坂太郎
縄文人からの伝言　岡村道雄
14歳〈フォーティーン〉満州開拓村からの帰還　澤地久枝
日本とドイツ ふたつの「戦後」　熊谷 徹
江戸の経済事件簿 地獄の沙汰も金次第　赤坂治績
「火附盗賊改」の正体——幕府と盗賊の三百年戦争　丹野 顯
在日二世の記憶　小熊英二 髙賛侑 高秀美 編
シリーズ〈本と日本史〉①『日本書紀』の呪縛　吉田一彦
シリーズ〈本と日本史〉③中世の声と文字 親鸞の手紙と『平家物語』　大隅和雄
シリーズ〈本と日本史〉④宣教師と『太平記』　神田千里
「天皇機関説」事件　山崎雅弘
列島縦断「幻の名城」を訪ねて　山名美和子
大予言「歴史の尺度」が示す未来　吉見俊哉
十五歳の戦争 陸軍幼年学校「最後の生徒」　西村京太郎
物語 ウェールズ抗戦史 ケルトの民とアーサー王伝説　桜井俊彰
シリーズ〈本と日本史〉②遣唐使と外交神話『吉備大臣入唐絵巻』を読む　小峯和明
テンプル騎士団　佐藤賢一

a pilot of wisdom

a pilot of wisdom

集英社新書　好評既刊

なぜ働いていると本が読めなくなるのか
三宅香帆　1212-B
労働と読書の歴史をひもとくと、仕事と趣味が両立できない原因が明らかになる。本好きに向けた渾身の作。

永遠なる「傷だらけの天使」
山本俊輔／佐藤洋笑　1213-F
萩原健一と水谷豊の名コンビが躍動した名作ドラマの関係者らを新たに取材し、改めてその価値を問う。

誰も書かなかった統一教会
有田芳生　1214-A
政界への浸食や霊感商法から北朝鮮との関係、組織の武装化、「世界日報」関係者襲撃など教団の全体像を暴く。

自由とセキュリティ
杉田　敦　1215-A
セキュリティ志向が強まる中、脅かされる自由と多様性。政治思想名著六冊から昨今の議論に一石を投じる。

福沢諭吉「一身の独立」から「天下の独立」まで
中村敏子　1216-C
幕末に武士として生き、明治維新を経て知識人となった福沢諭吉。今まで注目されてこなかった一面とは。

特殊害虫から日本を救え
宮竹貴久　1217-G
農作物へ大きな被害を及ぼす〝特殊害虫〟。その根絶事業に携わってきた現役昆虫学者による奮闘の記録。

読むダンス
ＡＲＡＴＡ　1218-H
ＢＴＳやＳｎｏｗ Ｍａｎ、ＸＧなどの全七二作品を多角的に解説。心奪われるダンスは何がすごいのか？

働くということ「能力主義」を超えて
勅使川原真衣　1219-E
人を「選び・選ばれる」能力主義のあり方に組織開発の専門家が疑問を呈し、新たな仕事観を提案する。

首里城と沖縄戦　最後の日本軍地下司令部
保坂廣志　1220-D
20万人が犠牲となった沖縄戦を指揮した首里城地下の日本軍第32軍司令部壕。資料が明かす戦争加害の実態。

化学物質過敏症とは何か
渡井健太郎　1221-I
アレルギーや喘息と誤診され、過剰治療や放置されがちな〝ナゾの病〟の正しい理解と治療法を医師が解説。

既刊情報の詳細は集英社新書のホームページへ
https://shinsho.shueisha.co.jp/